25 Consejos de Productividad

Augusto Pinaud
Copyright © 2012 Augusto Pinaud

All rights reserved.

ISBN:1481112635
ISBN-13:978-1481112635

Diseño de la Portada: Kenn Rudolph Design

http://kennrudolph.com

Copyright © Augusto Pinaud, 2012

All rights reserved. This book or any portion of it may not be reproduced or used in any manner without the express written permission of the publisher except for the use of brief quotations in book reviews or mentions of the book.

A mi mama… Quien puso en mis manos el primer libro en este tema e insistió que debía entenderlo, aun cuando no tenia la madurez necesaria.

To my mom… Who put in my hands my first book on this topic and insisted that I should understand it, even when I wasn't mature enough.

OTROS LIBROS DEL AUTOR

Productividad (Inglés)
- 25 Tips for Productivity

Fiction (Inglés):
- The Writer
- Putsch. A Hannah Fisher Triller

Available on Amazon on PaperBack and your favorite eBook Store.

CONTENTS

Dedicatoria
Prologo por Tara Rodden Robinson - The Productivity Maven   Pg # 1
Introducción   Pg # 4
25: La lista de cosas que no debo hacer   Pg # 9
24: La lista de cosas que no necesito   Pg # 15
23: Si tienes la liquidez, paga por esas cosas que no disfrutas y que son mas baratas que hechas por ti mismo   Pg # 20
22: El Sentido Comun no es Comun   Pg # 25
21: Aprende a mecanografiar (tipear)   Pg # 30
20: Automatiza tus respaldos   Pg # 35
19: No uses ningun programa que no permita hacer respaldos   Pg # 40
18: Si no funciona, deshazte de el   Pg # 45
17: No le temas a los contextos de corta vida   Pg # 50
16: No le temas a la lista diaria de cosas por hacer   Pg # 55
15: Crea un ambiente portatil para pensar   Pg # 59
14: Ten mas de uno de las cosas que usas constantemente   Pg # 64
13: La lista de reflecionar   Pg # 70
12: No juegues con tus herramientas de productividad (ni con las que te producen ingreso)   Pg # 75

11: Compra una silla. Una buena quiero decir	Pg # 79
10: Planea por las cosas sencillas	Pg # 83
9: Siempre lleva contigo algo para leer	Pg # 88
8: Reduce la carga diaria	Pg # 91
7: Anota la informacion clave	Pg # 94
6: Los dos navegadores	Pg # 99
5: Descubre tus sintomas de advertencia	Pg # 104
4: Planea para tener tiempo productivo y enfocado	Pg # 109
3: Date tiempo despues de un viaje para ponerte al dia	Pg # 114
2: Define tu destino. Por escrito y en detalle	Pg # 119
1: La hora extraordinaria	Pg # 125
Notas Finales	Pg # 130
Agradecimientos	Pg # 133
Sobre el Autor	Pg # 135

PROLOGO

Conocí a Augusto cuando participo en una de las primeras reuniones del Grupo de Estudio Virtual de Organizarse con Eficacia® (GTD® Virtual Study Group), un grupo de entusiastas en productividad que se reúne dos veces al mes; el cual yo presido. ¿Quien me iba a decir que su acento Venezolano y su cálido humor se iban a convertir en una experiencia familiar? ¿Quien me iba a decir que nos convertiríamos en amigos cercanos--que llegaría a pensar en el prácticamente como un hermano? ¿Había alguna pista en lo reflexivo, inteligente y conocedor que era? Bueno, si. Eso estuvo claro desde el principio.

Ahora, que han pasado años, mucho ha cambiado en la vida de mi amigo. Se convirtió en padre. Dejo su trabajo en ventas y ahora es un exitoso novelista. Se mudo al otro lado del país, de Los Angeles a Fort Wayne. Lo que no ha cambiado es nuestra increíble amistad que me ha apoyado desde lejos, más veces de las que puedo contar. Cuando me pidió que escribiera el prólogo, claro que dije si. ¿Como podía responder algo diferente? Yo he sido beneficiaria de sus consejos por varios años. Ademas, recibir una copia adelantada de su primer trabajo fuera del área de la ficción, ¿su primer libro en productividad? Era simplemente demasiado bueno como para dejarlo pasar.

Lo que encontraras en los 25 consejos de Augusto es más que simplemente un libro de consejos de productividad. Lo que vas a encontrar es un cumulo de sabiduría. Augusto tiene un don para observar las cosas y compartir una perspectiva que puede cambiarte la vida. Yo he aprendido mucho con éste libro y estos consejos me han dado una nueva perspectiva en habilidades que yo creía dominar y haber perfeccionado; y creo que lo mismo va a sucederle al lector.

Hay tantas buenas ideas que cuando las aplicas hacen una gran diferencia. Es realmente indiferente si es para adquirir o para mejorar habilidades; (como aprender a mecanografiar), haciendo una lista diaria de cosas por hacer, o llevando las ideas mas allá del "sentido común", encontraras abundantes y útiles consejos, todos con la marca del humor y familiaridad de Augusto.

Debido a su itinerario estos días, cuando Augusto participa en el Grupo de Estudio Virtual, es una celebración. Es un placer ver como él se ha convertido en una celebridad para nuestros oyentes; un crédito bien merecido y ganado. Yo estoy agradecida de pertenecer a su club de fans y estoy segura que después de que leas los 25 consejos, serás un miembro de su club.

Tara Rodden Robinson
The Productivity Maven
August 2012.

INTRODUCCIÓN

No fue sino hasta hace poco que hice las paces con el hecho que me apasiona el tema de la productividad, así como me apasiona escribir ficción. Es aun mas reciente (después de que éste libro ya tenía su primer borrador listo) cuando Mike Vardy hizo mención al apasionante tema de la productividad, y me sentí sumamente identificado. Yo no soy un gurú, ni un experto, simplemente soy una persona que ha experimentado entusiastamente con la productividad para lograr que las cosas importantes y relevantes estén hechas. Con esa actitud en mente surgió este manuscrito. (Aun cuando yo no había entendido el concepto que estaba expresando)

El primer libro que recuerdo haber leído que tuviera alguna relación con la productividad, o ser mas eficiente o inclusive mejora personal, fue Los 7 hábitos de la gente altamente efectiva de Stephen R. Covey. Recuerdo como me burlé de mi madre, quien hacía su mejor esfuerzo por inculcarme algunos principios, que después me serían realmente útiles, pero que en la inmadurez del momento no me permitía entender su importancia.

Años han pasado desde esos días y muchos libros me he leído desde entonces. Lo escrito en estas páginas han salido de ideas que he tomado de leer otros autores, quizá alguna combinación de estas es lo que logró que compilara estas 25 ideas. Algunas han surgido de mi entusiasmo por ser mas productivo, otras las he descubierto simplemente por error.

Por muchos años, al igual que mucha gente, pensaba que los problemas de productividad se podían solucionar con la herramienta adecuada y han sido estas herramientas (que quizá creí adecuadas) con las que aprendí algunos de estas tácticas. Pero la realidad es que la herramienta por si sola no sirve de mucho, la herramienta nada soluciona. Outlook, OmniFocus, Nozbe, el calendario o la lista de tareas son inútiles a menos que se entienda en primer lugar su función y en segundo lugar la razón por la cual la estamos usando y finalmente que es lo que la herramienta trae a la mesa. No es un secreto que hoy en día, mi sistema vive en OmniFocus y que al momento de escribir estas líneas mi productividad y sistemas están contenidos en un iPhone. Pero lo que me permitió ser efectivo en el iPhone no es que haya comprado OmniFocus. Años atrás cuando mi sistema estaba en Outlook, pues mi computadora principal era una PC, con sistema operativo de Microsoft (creo que llegue hasta Vista, quizá Windows 7) no era eficiente por que usaba una PC (introduzca su propio chiste aquí) o porque usaba Outlook (segundo chance para introducir su propio chiste) sino porque ya para ese entonces había descubierto algunos de estos consejos, y eran estas estrategias lo que me permitían hacer las cosas que hacía.

En mi andar por la productividad he conseguido muchos aciertos, y he cometido quizá aun más errores. Quizá esa es la razón por la cual cuando algo funciona; no trato de cambiarlo, entendiendo que no debo cambiarlo hasta que deja de funcionar. No utilizo otros sistemas como OmniFocus, no porque crea que no existan mejores opciones, sino porque aun funciona increíblemente bien. Prefiero mejor enfocar mi energía en cosas mas productivas. No uso un iPhone porque crea que los productos de Apple no tengan problemas y limitaciones (tienen ambos, mas de los que la gente cree), sino porque aunque no lo hacen todo, funcionan bastante bien y sin esfuerzo alguno de mi parte (esto último para mi es la clave).

Cuando empecé, usaba un PalmPilot, empecé en el personal, y fui actualizando constantemente hasta llegar al Treo 680. Trabajé con las diferentes versiones después de Palm cosa que la mayoría de las personas consideraban imposibles, leía libros, cambie los calendarios cuando Palm Introdujo las categorías y los colores (pero mi modelo "supuestamente" no era compatible), le instale aplicaciones y demás artilugios. Invertí incontables horas para que se comportara como yo quería, en muchos casos era una herramienta de productividad y aun mas una distracción y un juego.

No se cuantas horas me pase reconstruyendo sistemas operativos. Un día finalmente entendí, que podía usar ese tiempo para lograr otros objetivos, desde entonces es uno de mis objetivos.

He aprendido a no ir en búsqueda de las soluciones a los problemas que no tengo, en su lugar busco como reducir, mejorar y eliminar aquellos inconvenientes que son reales. Que mi iPhone no me permita poner el reloj en el fondo de la pantalla debajo de los iconos, no es un problema real, puedo ver la hora en la parte superior o cargar un reloj. Por lo tanto, no he invertido un solo segundo tratando de resolver ese problema; cosa que sin duda hubiera hecho en mis años en la Palm.

Si hojearon el índice, habrán notado que estos están numerados del 25 al 1 en lugar del 1al 25. La razón no es otra que establecerlos en forma descendente o en cuenta regresiva, en ningún momento, darle mayor importancia a una clave que a otra. Estas son cosas que he aprendido, que uso y que me han ayudado a ser mejor persona, jefe, padre, esposo y amigo.

La razón por la cual hablo de productividad no es otra que es porque es uno de esos elementos que necesito constantemente. Mi habilidad para distraerme, requiere que utilice muchos tácticas para poder mantenerme encaminado a mis objetivos, como dice mi esposa, mi habilidad para distraerme y perder el tiempo es casi infinita. Es por eso que he aprendido tácticas que me permiten mantener la atención (mas bien reducir el efecto de la distracción) y son 25 de esos consejos los que he compilado aquí.

Si descubres alguno que te funcione, y te ayude he logrado mi objetivo. Si sabes de alguien que se pudiese beneficiar, comparte el consejo o mejor aun regala una copia del libro.

Nuevamente, mucho de estos consejos no son originales, no los invente yo, algunos ni siquiera los descubrí y en la mejor de mis habilidades he tratado de recordar de donde los obtuve la primera vez. Si omití darle crédito a la persona correcta, me disculpo de antemano, nunca fue la intención. Pero si es así, déjenme saber para poderlo corregir en ediciones futuras de este libro.

Sin mas, gracias por leer estos consejos y espero que alguno te sea de utilidad.

25: LA LISTA DE LAS COSAS QUE NO DEBO HACER

La primera vez que leí de esta lista fue en un artículo en el Blog de Michael Hyatt. Para entonces era el CEO de Thomas Nelson (Ya retirado), en ese artículo se recordaba a si mismo las cosas que no debía volver a hacer. Sin duda y en ese mismo momento empecé a crear mi propia LISTA DE COSAS QUE NO DEBO HACER.

La lista ha tenido muchas versiones, pero creo que nada de lo que escribí originalmente ha desaparecido, simplemente he ido incorporando más cosas, cosas que sin duda constantemente necesito recordar, y que no valen la pena mi tiempo, ni mi esfuerzo.

La idea de esta lista es simple: Recordarme cuales son aquellas cosas que debo dejar de hacer o mejor aun no hacer. Esta lista contiene cosas que debo delegar o contratar a alguien más para que lo haga. Aun cuando yo las puedo hacer, otros lo harían mejor que yo y mucho más rápido; mientras yo puedo ocuparme de cosas más importantes. Ese último elemento es la clave. Lavar el carro, por ejemplo, cuesta menos de $20 US$. Si tengo que hacerlo yo mismo, me tomaría al menos media hora. Asumiendo que me puedo ganar más de $20 en media hora, tiene mas sentido contratar a alguien de esa manera yo puedo utilizar ese tiempo haciendo algo que produzca el ingreso necesario. En otras palabras, estimo cuanto es el valor en dinero de mi tiempo y uso ese valor para decidir que "no hacer". Recuerda, ésta es una lista privada que nadie tiene que ver y que no le tienes que justificar a nadie. Estos son alguno ejemplos de mi lista:

- No lavar carros:

Yo se que existen personas a las que les encanta lavar sus carros, y son felices pasando horas haciendo ese trabajo, enjabonando el carro amorosamente, secándolo e inclusive poniéndole cera. Yo no. No solamente no disfruto la tarea de lavar el carro sino que una vez finalizada la misma; ando de un terrible humor y siento que desperdicié una gran cantidad de energía y tiempo. El costo de lavar el carro y el efecto que genera en mi persona no son proporcionales.

Esa es la razón por la que está en esta lista. El motivo por el que está en el tope, es simplemente porque fue el primer elemento que pensé cuando cree la lista.

- No terminar un libro si después de haber leído el 25% del mismo, no es bueno o no me interesa.

A mi me encanta leer, desde pequeño mi madre me decía que yo era como Ratón de Biblioteca, que siempre quería estar rodeado de libros. El problema nace cuando no todos los libros merecen ser terminados. (Eso incluye para algunos lectores, aunque me duela, los libros que yo he escrito.) La relación entre el lector y el libro es personal, hay libros que nos hacen soñar y otros que nos hacen llorar; que puestos en manos de otras personas no solo no produce ese efecto, sino que inclusive pueden producir el efecto contrario. Pero eso me tomo años darme el permiso de no terminar un libro. No fue hasta que leí el libro de Steve Leveen "La pequeña guía para una vida bien leída" (The Little guide to your well read life, 2005") donde por primera vez escuche la idea de abandonar un libro después de 50 páginas. Yo inclusive leo un poco más, trato de llegar al 25% del libro, pero existen ocasiones donde 50 páginas se vuelven una tortura.

- No usare software crítico en mi dispositivo móvil que no se pueda respaldar.

La razón de esto es muy simple, he aprendido que la tecnología puede fallar. (Para mucha gente, es solo la tecnología de otros la que puede fallar, hasta que la propia falla) Al no poder hacerle respaldo a la información almacenada en el Software, y fallar éste, inmediatamente el contenido se va perder, pero peor aun, es posible que para siempre.

Mi primer organizador electrónico fue una Casio. La recuerdo con cariño, hasta el día que se borró todo el contenido. Después de tratar de recuperar la información; sin éxito; claro está, me produjo un ataque de nervios y empecé a considerar cambiar mi dispositivo móvil. La razón por la que el Palm Pilot fue mi opción, era exactamente eso, no solo podía hacer respaldo, sino que adicionalmente era fácil de hacer. Tristemente esa no fue la única ocasión que perdí información, ni fue el momento de aprender la lección, ocurrió muchos años después, pero puedo asegurar que nunca la perdida ha sido tan dolorosa como esa vez. No es suficiente tener sistemas de respaldo, si no los usas, no hacen el respaldo. Suena obvio, pero mucha gente simplemente no respalda su información, aun cuando tienen el sistema.

- No haré pruebas, ni jugaré con herramientas en la computadora que utilizo para ganarme la vida

Ésta fue una de las lecciones más cotosas y dolorosas de aprender. Como dije en la introducción: "No se cuantas horas me pase reconstruyendo sistemas operativos. Un día entendí, que podía usar ese tiempo para lograr otros objetivos, desde entonces es uno de mis objetivos."

Como nerd que entiende de electrónicos y computadoras me atrae un "Beta". Me atrae el software que la gente no tiene, que aun no está en el mercado, que aun no ha salido a la venta. Antes de agregar esto a mi lista de cosas que no debo hacer, mi computadora de trabajo corría Vista aun cuando era Beta. El viernes en la tarde, alrededor de las 6 PM, estaba jugando con mi PC y corrompí el sistema. El lunes volaba de Los Ángeles (LA) a Miami (MIA), para una reunión muy importante que tenía meses tratando de concretar. Mi PC no arrancaba y después de catorce horas tuve que resignarme y comprar una computadora nueva, mi presentación se había perdido y tenía que rehacerla el fin de semana.

Después de eso, mi máquina principal de trabajo es sagrada, pero me he comprado una segunda para jugar, para probar, para aventurarme, una que si tengo que borrar, simplemente ninguna información importante se perdería. De una manera dolorosa aprendí que no debía hacer pruebas ni jugar con mis herramientas ni con la computadora que usaba para trabajar

- No me comeré mis frustraciones

Este último es un poco más personal. Al momento en el que escribo estas líneas, peso 120 libras (55 kilos) menos que cuando creé esta regla. Obviamente no fue solo ésta línea lo que me hizo perder el peso, pero me ha servido para no ir a comer cuando estoy frustrado o molesto como hubiese hecho en el pasado. Cuando la necesidad es muy grande, y necesito ingerir algo, he aprendido que me puedo tomar toda el agua que quiera, pero no me permito comer hasta que no se me pase la frustración o la molestia. He fallado bastante en esto, pero lo hago mucho mejor y continuará mejorando en el tiempo. Esta quizá es una de las reglas más importantes, sobretodo para mi salud.

No es que estas sean todas las cosas de mi lista, pero son algunas, y la verdad; espero sean suficiente para explicar el principio y quizá para que, tal vez, algunas personas empiecen a crear su listado de cosas que no deben hacer. A veces es mas difícil decir NO a las cosas que sabemos son fáciles de hacer, y solo toman un par de minutos (una de las mentiras mas comunes que todos nos decimos a nosotros mismos) porque nos parece que sería una pérdida de dinero y tiempo (y eso no es siempre cierto).

24: LA LISTA DE COSAS QUE NO NECESITO

Ésta es una lista mucho mas reciente en mi arsenal de consejos. Aun recuerdo cuando empecé a leer sobre minimalismo y empecé a entender que una vida un poco mas minimalista era un buen complemento para la productividad. Mientras menos tiempo tenía que pasar manteniendo y ocupándome de estas cosas, mas tiempo tenía para disfrutar otras que me gustaban y me llamaban la atención. Sin embargo, algunas personas que aplican el minimalismo en su vida, llegan a niveles que exceden el nivel en el que yo me encuentro cómodo. Por ejemplo Colin Wright que vive con 51 cosas, o Tammy Strobel con 72 cosas o Nina Yau quien lo hace con solo 47. En mis planes nunca ha estado ninguno de estos extremos. Sin duda existen muchas cosas que quiero tener y muchas mas que quiero disfrutar y ese numero sin duda superan las 72 cosas de Tammy... (y honestamente por bastante)

Sin aspirar a esos extremos, me llama la atención la idea de reducir el número de cosas que tengo, especialmente el eliminar todas esas que no uso, que no nos sirvieron y cuyo único propósito es ocupar espacio. Quiero solo tener cosas que me sean útiles. El Ensayista Patrick Rhone no habla de Minimalismo, sino de tener suficiente. Fue cuando descubrí lo que Patrick escribía, que entendí lo que estaba buscando. Quería todo lo que necesitaba, pero no quería el exceso. Fue tratando de entender lo que significaba el tener suficiente, que comencé a pensar en todas las cosas que no necesitaba y que aunque me llamaran la atención y las pudiera comprar, no iban a mejorar mis condiciones actuales. Una vez que entendí lo que quería, me sentí mucho mas libre de dejar ir todas aquellas cosas que no usaba.

El ejemplo perfecto de las muchas cosas que están en mis listas es un monitor de 27 pulgadas que vende Apple. Es simplemente hermoso, y cada vez que lo veo imagino lo hermoso que se vería en el escritorio que tengo (ok, quizá en el que sueño tener. Pues admito que el que tengo es temporal desde hace 5 años o mas). Cuando pienso en lo que sería tener este monitor, me imagino trabajando en el, y lo increíble que sería tener toda esa área. Pero honestamente no lo necesito, en vez de ser una herramienta, va a ser una distracción y mi objetivo es tratar de ser productivo y efectivo. Un monitor como éste, sin duda alguna me permitiría distraerme sin siquiera darme cuenta de cuan distraído estoy. Yo he aprendido que necesito monitores pequeños, donde es difícil abrir y ver en la pantalla, más de una aplicación a la vez.

Tengo una increíble debilidad por Maletas, maletines, libros, plumas, electrónicos y accesorios de todo tipo y mas. La lista contiene más de cincuenta cosas. Desde ropa hasta electrónicos y lo que se me ha atravesado en el medio. Incluyendo ese convertible que tanto soñé por años. Aun de vez en cuando lo contemplo, pero entre mis notas esta la razón del porqué no es necesario el convertible, incluyendo los motivos que cuando tuve uno no lo disfrute tanto como pensé, me molestaba cuando hacia mucho calor y me fastidiaba cuando hacia mucho frío. Además no me gustaba estar arrastrado en el piso. Dentro de la misma explicación, me recuerdo cuanto disfrute aquel Jeep Wrangler, así que de contemplar un convertible, ese debe ser el modelo.

El objetivo de esta lista, es ayudarme a llegar a ese lugar de tener suficiente. No es que no puedo usar una camisa más, o unos zapatos o una pluma o un cuaderno nuevo. Es simplemente que no lo necesito, tengo las camisas que necesito y los zapatos que uso y son cómodos (el requisito más importante en un zapato en mi opinión:

es que sean cómodos.) Tengo una pluma que adoro como escribe y hojas en blanco para anotar mis ideas. No necesito más de una pluma, ni quiero un cuaderno diferente al que tengo, en ese departamento, tengo suficiente. (Si, la pluma esta en la lista)

Como dije antes, mi objetivo no es ser minimalista, sino tener suficiente, y aunque es un lugar que cambia y evoluciona, he entendido que mientras menos cosas me distraigan la atención, mas chance tengo de hacer algo útil, lo cual al final del día, es la razón por la que quiero ser mas productivo.

Muchas de estas cosas en la lista de cosas que no necesito, las contemplo constantemente, son cosas que me encantaría tener, por tenerlas. Porque en algún lado de mi mente, me he convencido que tenerlos me harían la vida mejor, mas fácil, o disfrutaría algo mucho mas. Pero cuando las considero mejor entiendo que ese elemento realmente no es algo que necesito y que en muchos casos son caprichos de un tiempo en el que pensaba que eran muchas de esas cosas (especialmente la abundancia de éstas) lo que me iba a hacer feliz.

Alguna de las cosas que integran esta lista:

- Monitor de 27 pulgadas de Apple
- iPhone 4s (Mi iPhone 4 es perfectamente capaz)
- IPad2 (Si compraría una, seria por el modelo más nuevo)
- Franelas baratas
- Nueva TV para la casa

- La versión en papel de mis libros

Hoy en día, estas cosas están en esta lista porque en este momento solo necesito tener suficiente, y entiendo que nada de eso me vas hacer feliz, o mejor persona. Esas cosas, quizá me van a romper el equilibrio que estoy tratando de formar, el tener suficiente.

23: SI TIENES LA LIQUIDEZ, PAGA POR ESAS COSAS QUE NO DISFRUTAS Y QUE SON MAS BARATAS QUE HECHAS POR TI MISMO

La clave es la liquidez. El tener la posibilidad. Endeudarse para poder salir de las cosas que no disfrutas simplemente genera mas cosas que no disfrutas a largo plazo, o al menos cosas que yo no disfruto a largo plazo. La clave para este consejo es la liquidez, pero asumiendo que la misma existe, empecemos a conversar del mismo.

¿Cuando haces en un hora de trabajo? Hagamos el siguiente

cálculo; si ganas US $40,000 al año, eso quiere decir que ganas mas o menos US $769 por semana. Asumiendo que te contratan para trabajar 40 horas, quiere decir que ganas US $19 por hora. Si puedes usar esa hora productivamente, en vez de gastarla en cosas que no generan ingreso y no disfrutas. En este caso parece que son muy pocas cosas las que podrías hacer, pero aunque no lo creas existen mas de las que piensas pues las horas se acumulan más rápido de lo que pensamos.

La mayoría de nosotros detesta cortar el pasto y ocuparse de él, contrata alguien que lo haga por ti. Nuevamente asumiendo que existe la liquidez, pongámosle un precio a tu hora de trabajo y busquemos un servicio más efectivo. Por ejemplo para que yo lavara el carro me tendrían que pagar al menos 500 US$, y seria con suerte por un trabajo mediocre. Siempre es más cómodo ir al auto-lavado y por mucho menos de eso lavas el carro, eso son mencionar que siempre hacen un trabajo impecable

Empieza por hacer una lista de esas cosas, lavar el carro, cortar el pasto, limpiar la casa, mantener las computadoras, instalar un sistema de sonido profesional, pintar la casa, instalar las lámparas, instalar pisos o decorar la casa; la lista puede ser interminable, al mismo tiempo empieza a hacer una lista que vas a hacer con éste nuevo tiempo libre; como por ejemplo: que vas a descubrir, leer mas, jugar con tus niños, pasear al perro, meditar o hacer yoga entre otros.

Las posibilidades son inmensas, y el tiempo que puedes rescatar es igual de inmenso. Yo conozco mucha gente que disfruta cortar el pasto, lavar el carro, limpiar la casa, pulir cobre y demás. Eso no quiere decir que tu debes disfrutarlo o sentirte culpable porque no lo disfrutas. Esa última parte es uno de los grandes secretos. Mi vecino corta el pasto dos veces a la semana, con una sonrisa en su cara. Yo lo cortaría una vez cada dos años y trataría que fuera cada vez más lejano en el tiempo de ser posible. Mi esposa cocina increíblemente bien, es la mejor comida que podemos tener; pero ella disfruta haciéndolo. El problema no está en lo que disfrutas, pero en esos que se supones debes hacer; en esos decide pagar para que otro realice el trabajo y utiliza el tiempo para algo útil o que tu disfrutes. Págale a alguien para que limpie la casa y ve al gimnasio en vez.

El inconveniente nunca es el tiempo que toma la actividad, es allí donde la mayoría de la gente comete el error, pensando, pero si lavar el carro es solo media hora. Eso puede ser cierto, pero si después de terminar te toma otra media hora para que se te pase el enojo y la frustración producida; ahora es una actividad de una hora. Si ha quedado alguna duda, lavar el carro es una de esas actividades que trato de no hacer bajo ningún concepto. Yo llevo el carro y leo por los 15-20 minutos que les toma lavarlo. Mi tiempo leyendo vale mucho más de lo que me cuesta lavar el carro y la propina.

El objetivo de esto es productividad, y para ser productivo tenemos que dejar de hacer esas cosas en las cuales en vez de ser efectivos estamos desperdiciando nuestras cualidades. Productividad no es hacer la mayor cantidad de cosas, sino hacer las cosas de la manera correcta, las cosas que nos van a ayudar a movernos hacia adelante, las que se logran de manera inmediata o en el futuro generan una satisfacción más grande. No es que no podemos hacer tres cosas al mismo tiempo, es que si nos concentramos en hacer cada una con toda nuestra atención tomarían la mitad del tiempo.

Todo lo relacionado a reparar computadoras es algo que me apasiona. En general, desde el punto de vista de costo por hora, no es productivo ni efectivo que yo arregle computadora alguna, pero al ser algo que me hace sentir bien, que me gusta, que me mantiene entretenido, estoy dispuesto a reparar, limpiar y poner al día las computadoras de muchos amigos y familiares. Pues aunque el costo por hora, en la mayoría de los casos, es mucho más alto que lo que me cobraría un técnico, pero en este caso específico, es algo que honestamente disfruto, puedo pasar horas, llego a ese misterioso lugar que Mihaly Csikszentmihalyi menciona en su libro "Flow". Es algo que gozo, así que aunque me tome una hora o dos, al final, me siento bien, me siento lleno de energía y satisfecho. (Esa en general es una clave de algo que puede ser considerado productivo, si terminas lleno de energía es un buen síntoma.)

Ya he mencionado cuanto me desagrada lavar el carro. Aunque

sean diez minutos, al final de estos ando de malas, sin energía, aun tengo que volver a recuperarme, es algo que hago resignado. Con liquidez, siempre pago por las cosas que no disfruto. No te gusta poner botones, llévalo a alguien que lo haga, no te gusta cortar el pasto, o pintar la casa; paga para que alguien lo haga.

Recuerda que perder dos horas (una de trabajo y una recuperándote) haciendo algo que alguien haría mejor que tu (o suficientemente bien) por un costo menor es exactamente lo contrario a eficiencia y productividad. Si detestas lavar la ropa, busca alguien que te ayude y usa ese tiempo para algo que sea realmente productivo, leer, jugar con los niños, cocinar un plato especial, sentarte en el patio o el jardín solo a respirar o a descansar. Muchas veces descansar es lo mas productivo que podemos hacer y en general lo último que está en nuestras listas cuando consideramos las cosas productivas.

22: EL SENTIDO COMÚN NO ES COMÚN

Quien llamo al sentido común, ¿común? Uno de esos descubrimientos que he hecho con los años es que aquello que la gente llama "Sentido Común" es en realidad poco común. Cuando buscamos la definición de "común" encontramos que se refiere a algo corriente, frecuente, admitido como normal por la mayoría. Eso último es lo que exactamente hace que no sea común; "Admitido como normal por la mayoría". El problema es que el Sentido Común no es algo compartido por la mayoría de la gente. De hecho es un concepto que escapa a la gran mayoría de las personas exceptuando esas cosas en las cuales son especializados, (o al menos hábiles) en cuyo caso parece ser "sentido común" pues asumimos que como es un conocimiento que al igual que nosotros poseemos, todos deberían. Tristemente no hay nada más lejos de la realidad. El sentido común, simplemente es algo poco común.

Piensa en algo que es considerado como sentido común, por ejemplo, en una pasteurizadora de helado, existe un limite, un punto en el cual la mezcla sobrepasa el máximo de capacidad en relación a que tan espesa (hablamos de la viscosidad) es la mezcla. Si es mas espesa simplemente obstruye la máquina. Esto es sentido común para el que opera la maquinaria, para los ingenieros que trabajan en las fabricas de helado, inclusive para el operador que a fuerza de experiencia ha aprendido que es algo: común.

Imagínate que vas a trabajar reparándole algo en el carro. ¿Sabias que cuando vas a trabajar debajo de un vehículo no debes hacerlo con un gato sino con soportes? Nuevamente, para alguien que trabaja en carros constantemente es algo obvio es sentido común (de seguridad y precaución). Para el que nunca ha visto la parte de abajo de un carro, no lo es.

¿Es sentido común cuando uno se monta en un avión no vas a poder usar tus electrónicos sino en ciertas partes del vuelo? No para todo el mundo, para mucha gente eso no es una información común, ni lógica, para ellos esto no es sentido común.

Ese es el problema con muchas de las estrategias e

implementaciones de productividad. En mi caso, yo soy un usuario medio avanzado de Excel. Eso lo que quiere decir es que puedo hacer macros y algunas cosas que para otras personas son algo que ni sueñan con poder hacer. Para mi, hacer un macro para resolver ciertos problemas con excel y que haga lo que yo necesito es sentido común, no porque no se pueda hacer de otro modo, simplemente porque con el macro lo puedo lograr diez veces mas rápido (o mas) que de cualquier otro modo. Para mi implementar el macro es sentido común, para la mayoría de la gente, eso ni siquiera es una opción. (Existe mucha gente —mas de la que crees— que no sabe lo que es un macro, mucho menos que Excel puede hacer eso)

Ese es uno de los problemas mas grades cuando consideramos el sentido común en el ámbito de la productividad, tal cosa no existe y por tanto no se puede aplicar así de fácil. Esa es la razón por la que en algunos países se ha generado con gran impulso una cultura alrededor de Hackear cosas y principios, pues cosas que son para algunos, sentido común, para otros significa una mejora no sólo significativa, sino inclusive, la posibilidad de cambiarles la vida para siempre. David Allen, cuando habla de los principios de Organizarte con Eficacia dice que estos son simplemente la aplicación del sentido común; mas sin embargo, la cantidad de gente que busca ayuda para implementar los principios de Organizarte con Eficacia son abundantes, pero para Allen, son simplemente sentido común.

El principio es que todos asumimos que estas nociones comunes existen y son universales, que son solo algunas personas extrañas quienes carecen de este mal llamado "Sentido Común". La realidad es que en general, a menos que estemos enseñando a otros algo, asumimos que la gente tiene el mismo entendimiento y el mismo nivel de conocimiento que tenemos nosotros, asumimos que cuando nosotros sabemos algo, ahora es del conocimiento público y general.

La pregunta interesante desde el punto de vista productivo es: ¿que sucede cuando dejamos de asumir que este mal llamado sentido es común? Por ejemplo si recibimos un email que es breve y dice al final en la firma, "enviado desde el móvil o celular" nos parece perfecto que sea breve. Si recibimos el mismo email y viene en vez de la computadora, mucha gente se ofende que el mensaje haya sido tan corto y directo. ¿Es sentido común que desde el teléfono lo que vas a contestar sea breve y rápido?

¿Aun necesitas otro ejemplo de ese mal llamado Sentido Común? El sentido Común dice, que si yo tengo una bandeja de entrada en mi escritorio tu vas a traer algo a mi mundo lo vas a colocar allí. ¿Cuantas veces el correo interno del trabajo nos ha dejado el mismo en la silla, o sobre la computadora? Lo normal es que terminen en la silla o en la computadora, pero no en el pensar del sentido común para la persona que trae el correo interno.

El último ejemplo del Sentido Común, son los mensajes que siempre envías, o las formas, aquellos mensajes constantes. Para mucha gente "productiva" que conozco es sentido común que lo escriben una vez, y después sea copiado en parte automática en forma de firma o lo graben en una nota en la parte de las notas y simplemente lo copian y pegan, para luego enviarlo en el email. Para este grupo de personas esto es sentido común, además de ser un método efectivo y que puede ahorrar muchas horas. Tristemente, existen muchas personas que no tienen éste sentido común y cada vez que responden el mensaje, lo vuelven a crear de la nada. La idea de usarlo como firma del correo o copiar y pegarlo desde otro lado es simplemente extraña o no usual para ellos.

21: APRENDE A MECANOGRAFIAR (TIPEAR)

** Antes de empezar a escribir este capítulo, noté que lo que en español mal llamamos 'tipear' realmente no existe, la terminología correcta es mecanografiar, lo que nos lleva a concluir que todos los días podemos aprender algo**

Esta es una de esas actividades que todos ignoramos. Cuando hablamos de mecanografiar, con dos dedos basta. Yo no necesito ser mas rápido de lo que soy. Soy increíblemente rápido con dos dedos y muchas de las otras excusas que yo mismo me he puesto. La realidad es que la mayoría de nosotros pasamos mas horas frente al teclado que ante cualquier otro instrumento, pero es esa misma herramienta la que nos negamos a perfeccionar, la que consideramos suficiente manejar de un manera mediocre.

La razón es simple, nos quedamos con la mentalidad que no nos iba a ayudar para nada. Pero veamos lo siguiente:

Imagínate que escribes entre responder el email, colocar en Facebook la respuesta a tus amigos, más las palabras para la búsqueda mas un informe del trabajo; eso da un aproximado de cuatro mil (4,000) palabras. (Créeme no son tantas. Si has leído este libro desde el principio ya has leído más de cinco (5,000) palabras.) Ahora también supón que tu promedio de mecanografiado es veinticinco (25) palabras por minuto (ya sé que eres mas rápido que eso, pero te aseguro que te sorprenderás si haces la prueba y descubres el número verdadero) eso quiere decir que necesitas 2,66 horas (mas o menos dos horas y cuarenta minutos) solamente escribiendo en el teclado. Ahora vamos a asumir que te tomas mi consejo en serio y aprendes a ser un mediocre en el teclado y llegas a cuarenta y cinco (45) palabras por minuto. Esas mismas cuatro mil (4,000) palabras ahora las escribes en 1,48 horas, mas o menos una hora y cincuenta minutos. En caso de duda te acabas de ganar 50 minutos del día. Ahora imagínate que aprendes a mecanografiar cien (100) palabras por minuto, eso quiere decir que ahora puede hacer esas mismas 4,000 palabras pero ahora en 40 minutos, ahorrándote dos horas de tu tiempo. (Esas dos horas extra de tiempo que todos estamos buscando constantemente)

Imagínate lo que puedes hacer con dos horas más de tiempo; al menos garantizar que a las 5 te vayas a tu casa. Lo mejor es que se aprende fácil, gratis y dura para siempre.

Yo mismo me resistía a ésta idea por mucho tiempo, yo era bien rápido con mis dos dedos, no necesitaba mas, hasta que descubrí cuanto tiempo podía ganar. En ese momento, me senté y aprendí. (Todavía soy mediocre en el teclado, y aun sigo practicando. Mi velocidad al momento de escribir éste texto era de 85 palabras por minuto. Mi objetivo es llegar a las 100 palabras por minuto antes que finalice el año 2012)

Cuando compré mi primer iPad, fue donde note la diferencia de la velocidad entre el teclado de la pantalla y el teclado externo. Hoy en día, la gran mayoría de las veces, escribo con el teclado externo. Pero hay momentos en los que estoy más interesado en poder escribir y no tan interesado en la velocidad (como por ejemplo, cuando estoy escribiendo en mi diario) pero escribir en la pantalla es simplemente insoportablemente lento. En aquel entonces podía escribir en la pantalla solo 18 palabras por minuto. Empecé a buscar soluciones para un teclado externo que fuera mas permanente, pero que fuera de tamaño completo, no resisto los teclados pequeños. Fue en esa cacería donde mi amigo Andre Kibbe me pregunto que porque no buscaba un programa de mecanografía para el iPad. (Si leíste el capitulo anterior, este es otro ejemplo de esos de "sentido común") Por qué eso no se me había ocurrido, no tengo la menor idea, pero inmediatamente compre una aplicación para aprender a escribir con el teclado virtual y empecé a practicar constantemente. Aun soy bastante lento, pero hago más o menos 60 palabras por minuto. Para mucha gente, eso es una velocidad con la que no sueñan nunca lograr. Yo deseo ser más rápido, existen personas haciendo mas de 90 palabras por minuto (en el teclado virtual) así que no veo porque no, con práctica no lo pueda lograr. Quizá algún día, ni no necesite el teclado externo para mas nada. Pero al menos, quiero ser tan rápido como puedo ser en el teclado externo.

Si has leído hasta este momento, este va a ser en mi opinión el capítulo menos leído de este libro, muchas de esas personas que son bien rápidas usando sus dos dedos no necesitan mecanografiar, pues no solo son bien rápidos sino que además no escriben nada suficientemente largo para que valga la pena aprender a mecanografiar.

Ahora bien, si haz leído hasta aquí y aun no haz entendido la importancia de aprender esta herramienta, o aun no lo haz considerado como algo que deberías aprender ahora mismo (quizá eres de esos que dejó de leer y corrió a conseguir una solución para aprender a mecanografiar) piensa en lo siguiente: El cuello de botella, es un fenómeno donde afecta la capacidad y el desempeño de todo el sistema que se ve afectado por un elemento (o número de éstos, pero en este caso un elemento).

Si teniendo un sistema efectivo trabajas ocho horas, de los cuales pasas el 50% del día mecanografiando, ser lento es el mas significativo de los cuellos de botellas; mas que todas esas juntas y reuniones en las que tienes que estar sentado por políticas empresariales.

Asumiendo finalmente que tu efectivamente escribes 25 palabras por minuto (nuevamente te invito a hacer una prueba gratis en internet, el resultado puede impresionarte mas de lo que crees) y yo como exprese anteriormente escribo 85 palabras por minuto, en transcribir este ensayo, que tiene 974 palabras tu te demorarías 39 minutos y yo estaría listo en solo 11 minutos y treinta segundos. Ahora multiplica esa diferencia de 27 minutos por cinco veces (137 minutos o 2.3 horas). Esa es la ventaja que cualquier día de la semana podrías ganar aprendiendo a mecanografiar. En caso que se te haya escapado la otra parte de la matemática, eso fue por un día, por tanto realmente vas a obtener mas de 10 horas a la semana.

20: AUTOMATIZA TUS RESPALDOS

Esta fue una de las cosas que mas me costó aprender en el transcurso de mi vida... Es mas, todavía no estoy seguro si lo aprendí o Apple me lo hizo realmente fácil con su Time Capsule y iCloud, pero es algo que sin duda alguna agradezco.

La verdad es que los discos duros fallan, se corrompen, y se pierden. Muchas veces, en ellos están todas las fotos de los últimos diez años, o toda la colección de películas, o la tesis, o el libro que llevabas seis meses escribiendo. En un segundo, sin que entendieras porque o como, todo se desaparece. Lo único que queda son las lágrimas de frustración y el remordimiento que no hiciste el respaldo o que era esa tarde que ibas a hacer el respaldo que hace más de un mes que vienes evitando.

En general todos andamos a la carrera, hemos aceptado mas cosas de las que humanamente podemos hacer. Tenemos aun más de esas cosas en un estado de espera a ver si nos da chance de hacer ¡un par más! Lo único que parece que se nos ha olvidado es descansar y tomar tiempo para aquellas cosas que eran importantes, como el respaldo de los archivos claves. (Para mucha gente inclusive archivos familiares y de salud)

Existen miles de productos, para PC y para Mac que permiten hacer el respaldo de manera automática y rápida. Las horas que potencialmente puedes ahorrarte no teniendo que lidiar con este problema, vale todos los minutos que vas a perder preparándolo. Como dije anteriormente, ninguno de nosotros tenemos tiempo para detenernos, comprar el disco duro externo, adquirir e instalar el software, ver como funciona, buscarle un respaldo al respaldo... Ahora bien, piensa por un momento; si ¿vas a tener el tiempo de reconstruir todo? Imagina por un segundo que el disco duro falla, ahora mismo... ¿que perderías? ¿Que archivo o archivos te harían pasar los próximas horas esperando un milagro? ¿Que necesitas para ir inmediatamente a hacer ese respaldo que te daría total tranquilidad mental?

Como dije en un capítulo anterior de este libro, me entretiene estar sentado frente a una computadora, me entretiene ayudar a la gente con sus problemas informáticos. He creado soluciones de respaldo semiautomáticas y automáticas para mucha gente cercana. En mi experiencia, todos esos respaldos semiautomáticos, siempre terminan fallando; pues las personas nunca crean ese hábito efectivo y reiterado de sentarse a realizar el respaldo.

Libros (muchos amigos han perdido los libros en los que tenían meses trabajando), tesis universitarias, trabajos de la escuela, reportes anuales, planes de negocio, campañas de mercadeo, presentaciones de Power-Point (especialmente media hora antes de dicha presentación, la tecnología en general no falla cuando tienes tiempo de resolverlo), colecciones de música, películas y demás; todas víctimas del síndrome de "este fin de semana hago el respaldo". En la mayoría de los casos estas pérdidas no son recuperables, algunos realmente afortunados logran recuperar parte de la información.

El problema es que siempre pensamos que es la computadora del otro la que va a fallar, especialmente cuando ya la nuestra ha fallado y existen una gran cantidad de electrónicos (que no consideramos computadoras, como el iPod, iPad, iPhone, Teléfono Android y mas) que simplemente no hemos pensado que pasaría si perderíamos la información. Me muero de la tristeza cuando leo en lugares como Facebook cosas como la siguiente: "Perdí todos mis contactos del Blackberry, mándenme todos los números y los pines" o cuando dice "perdí mi teléfono, me mandan los teléfonos de los amigos" y mas triste aun cuando leo cosas como: "Alguien sabe como salvar un disco duro, el mío hace un ruido terrible y no arranca"

En todos estos casos, el problema surge por la falta de respaldo, hubiese sido muy simple establecer un sistema automatizado de respaldo que habría evitado el dolor que estas personas están viviendo (y que tristemente muchos mas vivirán)

Yo entiendo que no todo el mundo tiene el conocimiento técnico para crear sus sistemas y sus respaldos automáticos, para mucha gente eso es algo desconocido en el mundo, algo que es en otro idioma. (Uno que además no hablan) Pero no dejan de ser estas personas las que sufren, no importa como sea el respaldo, lo importante es que exista. Busca alguien que te pueda ayudar, págale a alguien que te ayude, contrata un servicio, como lo obtengas es irrelevante. Si no puedes justificar el costo inicial, piensa por un momento en el costo final en el caso que algo falle. Mi colección de música está cerca de las 2150 canciones, eso son 15.65GB. Es posible que muchas de esas canciones las pueda volver a comprar, inclusive en su versión digital, pero nuevamente son 2150 canciones… a $.99 por canción no es necesario hacer la matemática ($2,128.50 mas impuesto)… El sistema automático de respaldo cuesta mucho menos que eso, el disco duro externo también, inclusive la cuenta en Dropbox de 50GB (donde me sobraría una gran cantidad de espacio) cuesta $100 al año, serían 20 años para igualar el costo. En el caso de iCloud (la solución de Apple) por $40 al año obtendría 25GB (y cualquier cosa que les haya comprado a ellos no va en contra de esta limitación) así que con esta solución me costaría 53 años para igualar el costo de comprar todo nuevamente. Como les decía, desde mi punto de vista, parece sumamente económico; lamentablemente la gran mayoría de las personas pagan fortunas cuando pierden todo, o se resignan y justifican diciendo cosas como: "Si, perdí toda mi música, pero igual ni me gustaba la mayoría de lo que estaba allí, así que es una oportunidad de limpiar la basura" (Es cierto, eso me dijo alguien que perdió todo por no tener respaldo automático)

Una vez que sucede ya no es el momento de lamentarse, pues no se puede hacer nada (en la mayoría de los casos) la pregunta es porque no lo hiciste automáticamente antes de que pasara, antes que fuera un problema. La parte interesante es que muchos no lo hacen, aun después que les sucede. Sabes, ya me pasó, no me va a volver a pasar. Quizá una de esas cosas que nunca pensamos, pero que el efecto cuando ocurre es simplemente devastador.

19: NO USES NINGUN PROGRAMA QUE NO PERMITA HACER RESPALDOS

No uses ningún programa que no te permita hacer respaldos. Déjame repetir esto, es importante: No uses ningún programa que no te permita hacer respaldos. Esta es una de esas cosas interesantes que nos hacemos a nosotros mismos. Empezamos a usar ese gran programa que nos va a ayudar a hacer esto o lo otro, y que nos va a cambiar la manera de hacer las cosas, vamos a ganar tiempo, vamos a poder usarlo para tener nuestro diario de manera segura y privada, nos va a cambiar la vida y nos va a hacer felices y una vez que todo esta allí, el programa... falla.

Es ese el momento en el que nos damos cuenta que el programa no te dejaba hacer respaldos, y que toda la información con que lo habías nutrido, se perdió. Estoy seguro que esto NUNCA te ha pasado a TI, pero si me ha pasado a MI.

Productos que me iban a cambiar la vida, (irónicamente quizá lo lograron, solo que de otra manera) que me iban a ahorrar tanto tiempo, (pero que cuando fallaron me hicieron perder aun mas del que me habían ahorrado). Productos que iban a generar resultados increíbles—ahora simplemente lo que generaron es una frustración gigante y una pérdida de tiempo aun mayor. No solamente tengo que ver como recuperar la información, sino que ahora tengo que invertir horas buscando como introducir la información nuevamente dentro del producto, o en un nuevo producto. Lo mas interesante es que en general lo volvemos a hacer en el mismo programa, esta es una de esas lecciones que son difíciles de aprender, cuando vuelve a fallar, el argumento mas común es: "No lo vuelvo a hacer......"

Es tu derecho como usuario, poder respaldar tu información para que no se pierda, poder mudarla (fácilmente) de un lugar a otro. Lo que sucede es que cuando vemos el elemento que brilla, que nos llama la atención, que nos va a cambiar la vida, se nos olvida que debemos revisar cosas tan importantes y trascendentales como la posibilidad de respaldarlos.

Con los años he aprendido el valor de los archivos de texto, por más nada que no sea por la facilidad con la que lo puedes cambiar de plataforma, con la facilidad que casi cualquiera lo puede abrir, por la facilidad con la que se puede hacer un respaldo. Quizá es importante aclarar que en muchas aplicaciones que uso, el respaldo no necesariamente está en la misma aplicación, como por ejemplo en el caso de Microsoft Word, pero el archivo resultante es fácil de respaldar. El mismo ejemplo pasa con iTunes. El problema real es no poder respaldar la información, no en el propio y único formato donde ésta se puede o no se puede respaldar. (Aunque yo tiendo a tener problemas con formatos que solo funcionen en una aplicación, los archivos deben poder abrirse en mas de uno, nunca nadie pensó que ciertos programas dejarían de existir, pero hoy en día, los archivos creados en estos programas, no se pueden abrir.) Tristemente existen aplicaciones para los cuales generar un respaldo es una tarea salomónica y en muchos casos imposible. Como dije antes, en mi opinión es MI derecho como usuario poder respaldar mi información y poder mudarla (fácilmente) de un lugar a otro; pero igualmente entiendo que es el derecho del programador, crear el programa como mejor le parezca. Pero si no es simple, obvio y rápido, no me interesa. Nuevamente, Muchas gracias!

Imagina por un momento que tu Teléfono Inteligente o Tableta deja de funcionar. ¿Que perderías? ¿Que programa no tiene respaldo? Hace poco tiempo, mi iPhone cayó en manos de mi hija. Unos veinte minutos después estaba muerto, no funcionaba más. Sin señalar al culpable, (yo, para aquellos que tienen alguna duda) me monte en el carro, fui a la tienda Apple más cercana y cambie el teléfono. En la misma tienda, lo conecte a mi Mac, y no había salido de la tienda cuando toda mi información estaba en el teléfono, todas las aplicaciones, juegos, música, toda mi información estaba de regreso. (Incluyendo las recetas en el programa que mi esposa y yo usamos, mis notas del diario, mis notas para cambiar al mundo, mis juegos, pendientes y demás). En otras palabras mi información estaba respaldada y fue realmente fácil restaurarla y volver a tener mi teléfono en total funcionamiento.

Me encantaría poder decir que siempre ha sido así, pero la verdad es que no. Muchas veces he perdido toda la información, los números de teléfonos, las notas, las citas del calendario, o aun peor; no perdía la información pero tenía que pasarla manualmente otra vez. (En algunos casos, quizá hubiese sido mejor perderla, volver a colocar toda la información es una de esas cosas que estoy seguro pueden ser usadas como castigo.) Por años, mi respaldo era una copia impresa del calendario, de los contactos, de las notas... Todos los viernes imprimía toda la información necesaria, y las próximas ocho semanas de calendario. Si algo pasaba, asumía que ocho semanas sería suficiente tiempo para reconstruir el futuro. Cada vez que la tecnología fallaba, (aunque fallara por mi culpa, el resultado era el mismo) tenía que empezar de cero, agarrar todas las hojas y volver a vaciar toda la información. Eso sucedió más de lo que me gustaría recordar, pero me enseñó otra lección, de la cual hablaré más adelante en el libro. (Si te quieres adelantar es el Consejo #12: No juegues con tus herramientas de productividad - y producción de dinero)

Hoy en día, si un programa, aplicación o equipo electrónico no me permite hacer respaldo de la información, no me interesa cuan fantástica pueda ser la aplicación, o como me vaya a cambiar la vida. Si un programa no puede respaldar mi información, ese es un programa que yo no debo utilizar. Muchos dolores de cabeza me he ahorrado con ésta estrategia.

Sé que es difícil resistirse al objeto que brilla, pero recuerda que ese objeto que podría cambiarte la vida, donde vas a invertir tu tiempo y tu energía (y en muchos casos tu corazón) que adicionalmente no tiene la posibilidad de respaldo, puede hacer que como acto de magia, todo desaparezca... y no importa el tamaño, ni la cantidad, ni la magnitud de las lágrimas, éstas no lo van a hacer aparecer nuevamente.

18: SI NO FUNCIONA, DESHAZTE DE EL

¿Cuando fue la ultima vez que gastaste, US$300, US$500, US$1,000 en algo que no era útil a tus propósitos? ¿Por qué si sabes que no te va a servir para tus propósitos aun lo mantienes? ¡Ah!, Porque pagaste mucho dinero por él... Yo también he pagado mucho dinero por un montón de cosas, que para mi no fueron mas que basura tecnológica.

La realidad es que el hecho que hayas pagado mucho dinero por algún objeto, no quiere decir que vaya a ser útil, te funcione o sirva, después de cierto tiempo. Que conste, no estoy diciendo, que no compres algo costoso, lo que estoy tratando de explicar es que, si compras algo que no funciona, o mas específicamente que no te funcione, por más que haya sido muy costoso, debe salir de tu mundo con la misma emoción y rapidez con la que se compró.

En mi caso eso incluye muchas cosas, entre ellas: maletines, software, mesas, zapatos, pantalones, y muchas otras cosas.

En el 2007, a raíz que mi PC había dejado de funcionar (una de esas veces que el disco duro deja de funcionar, porque si recuerdas muchas personas no hace respaldos de sus máquinas pues la de ellos no falla), salí y compré una MacBook y le declaré la guerra a la PC. El error no estuvo en comprar la Mac, de hecho dos años mas tarde compre otra Mac (mismo modelo, otra generación). Pasé sábado y domingo preparando la maquina (y la bendita presentación que se fue en el disco duro, que claro está, no tenia respaldo - en ese momento). El siguiente lunes empecé el peregrinar de mi viaje de trabajo. El problema es que en este cambio, cosa que nunca preví, mi Treo 650 era alérgico a la Mac, perdí información en el proceso de sincronización de los dos equipos (afortunadamente, esta información si estaba respaldada) pero me tomo mucho tiempo, perdí incontables horas y me causo mucha molestia (Conmigo mismo.) Doce días después estaba comprando nuevamente una PC. Perdí doce días, tratando de ver como hacía funcionar algo que en ese momento no funcionaba para mí, en lugar de ser productivo. Al décimo tercer día, estaba otra vez trabajando como se debía. Cuando digo "debía", era porque mis necesidades en ese momento giraban en torno a la PC, no en torno a una Mac.

Pero aprendí esa importante lección. Si mi memoria no me falla, fue en el día doce que leí un post de Eric Mack donde decía exactamente eso: "Si no funciona, debes de salir de él", y al día siguiente estaba re-armando la PC y volviendo a poner en funcionamiento mi productividad.

El siguiente error de este tipo fue mucho menos costoso. Compre una Acer Aspire. Los Netbooks estaban en pleno apogeo, y sonaba como una buena solución. Era lenta (aun con el máximo de memoria) pero el mayor problema es uno que al día de hoy no a cambiado, el tamaño del teclado. Mi velocidad al mecanografiar se ve increíblemente afectada por la reducción de tamaño del teclado, no era tanto el tamaño de la pantalla como el hecho de que el teclado me molestaba. No es eficiente. En muy poco tiempo, estaba en una repisa y tiempo después se fue a las manos de alguien que necesitaba una computadora. En este caso, utilicé lo que había aprendido, con el experimento "Mac del 2007". Cargué conmigo esa Acer por un tiempo, y trate de usarla, pero en vista que nunca fue práctica, independientemente del precio que había pagado, decidí ponerla en la repisa hasta que pudo ir a las manos de alguien que la apreciara.

Dos años después me mudé definitivamente a Mac, pero ésta vez, antes de comprar la Mac, sabía como iba a funcionar, sabía que esperar. Para aquel entonces ya tenia mi iPhone (primera generación) y estaba seguro que los problemas iban a ser menores, (aun cuando algunos no lo fueron) esta vez pasé algunas horas preparando el plan, antes de la gran mudanza. Después de ese cambio, no he necesitado volver a una PC. Si lo tuviera que hacer, lo primero sería ver como mi sistema de trabajo se vería afectado, eso antes de averiguar si existe alguna opción en el mercado que me pudiese interesar... El problema no es el costo del juguete, la aplicación, o la herramienta, sino el costo oculto que va a generar cuando todo lo demás se vea afectado.

Pero la lección, que fue realmente importante, y que ha aplicado para otros productos que he adquirido con el pasar de los años para evitar perder tiempo, para divertirme, para facilitarme la vida y demás; es: "si no me sirve, simplemente no me sirve".

Cuantas veces abrimos el closet y ahí está esa chaqueta, o zapatos (que si somos realmente honestos, sabemos que NUNCA los vamos a usar) pero que cuando pensamos lo que nos costaron, o quien nos la regalo, preferimos dejarla allí y algún día quizá saldremos de eso. (La gran mayoría - me incluyo - tenemos algo que cumple estas condiciones, y tenemos miedo de deshacernos de ellos). El problema surge cuando nos referimos a la productividad, y pensamos en función del costo, en lugar de la utilidad, porque es como comparamos todo. De otro modo nos habríamos desecho de muchas de esas cosas que mencioné al principio de este párrafo.

No importa el precio que hayamos pagado, pues la realidad es que el costo potencial en tiempo perdido, almacenamiento y productividad siempre va a ser mucho mas alto. Pero todos seguimos cargando aquella pieza inútil que desearíamos se perdiera, para poder comprar la buena, la que debimos haber comprado desde el principio, la que realmente si nos hubiese sido útil. Abre la maleta, y bótalo en la basura. (Si es la maleta la que tiene que ir a la basura, el paso previo es sacar las cosas que están adentro.) Si no funciona, no funciona. Si le funciona a otro, regálalo. Pero mantener alrededor cosas que no funcionan por que nos costaron mucho dinero, es no solo una pérdida de espacio y tiempo, es un desperdicio.

17 - NO LE TEMAS A LOS CONTEXTOS DE CORTA VIDA

No es un secreto que he seguido por muchos años la metodología de David Allen, gracias a su libro Organízate con Eficacia. Existen muchas cosas de esa metodología que simplemente cambiaron mi vida en el 2003 cuando puse mis manos por primera vez en el libro. Una de las cosas que plantea Allen en su libro es el uso de Contextos. Para los que no lo sepan, un contexto sencillamente describe una herramienta, lugar o persona que se requiere para completar una acción específica. En mis años de práctica de estos principios, he experimentado lo poderoso que estos pueden ser, pero siempre me ha sorprendido el miedo que la gente le tiene a los mismos. (La idea de contextos le aterroriza a la gente, es casi un tema tabú, o quizá es como si fuera una discusión en Termo Física nuclear, cuando no se sabe nada de física) Las personas piensan que un contexto es algo rígido, que no pueden cambiar y que siempre vas a tener que mantener. Otros piensan que los únicos que se pueden usar son aquellos que están en el libro. Una de las herramientas más importantes que he descubierto en este sentido es no tenerle miedo a los contextos de corta vida o los temporales. @Antes_del_viaje, o @Este_fin_de_semana, o @Proxima_semana_en_Miami, son contextos tan válidos como @Casa, o @Computadora.

El objetivo de un contexto no es otro que agrupar tareas que se deben hacer juntas con una herramienta, en un lugar particular, con cierta persona o en una situación dada. La primera vez que descubrí el poder y la importancia de éstas, fue cuando cree mi primer contexto recuerdo que se llamaba @Excel. Estaba sumamente estresado, con mas tareas de las que podía hacer, y mi lista estaba en esos días en los que cuando marcas algo listo, había agregado cinco mas. Decidí tomarme unos minutos para reducir mis listas (o agruparlas de una mejor manera) a listas de no mas de 10 elementos, para poderlas ver en una sola pantalla... (En aquel momento usaba una Palm y la pantalla no me permitía ver más de 10 tareas al mismo tiempo). Así fui trabajando con todas las listas hasta que todas tenían 10 o menos tareas.

El primero de esos contextos con los que trabaje, fue ese @Excel. Tres horas después había acabado con las 10 tareas del contexto. (Que pensé me iban a tomar semanas) Me sentía en la cima del mundo, pero entonces me vino la pregunta: ¿y ahora que hago con este contexto? Con miedo lo borre. Dos semanas después lo volví a crear cuando el caos volvió a llegar a mis listas y volví a ver los mismos resultados que había obtenido anteriormente. Era increíble, el mundo no se acaba, ni mi sistema se destruye, si creo un contexto por unas pocas horas, días o semanas. De allí empecé a utilizarlos como me eran convenientes, como los necesitaba y sin duda alguna, ha sido una de esas estrategias que me han funcionado muy bien. No le tengo miedo a tener en cualquier momento muchos de ellos, pero tampoco a borrarlos todos, o casi todos. Para mi los contextos tienen como objetivo ayudarme a dar pasos mas certeros, mas efectivos y mas rápidos y eficientes, nada mas. Si pudiera ver todas las acciones de mis listas y poder decidir acertadamente, no necesitaría estos contextos.

Una vez perdido el miedo que tenía, he creado muchos contextos, desde la creación de contextos para semanas especiales, hasta para días donde necesito concentración extraordinaria, incluso cuando debo preparar algo especial, antes de algún evento.

Una de esas ocasiones fue cuando se me ocurrió (antes de irme de vacaciones) hacer una lista de las cosas en las que quería pensar y reflexionar esa semana. En vez de tratar de pescar éstas en mi sistema, decidí crear un contexto y llevarme solo éste en una hoja de papel. De ese modo el resto del sistema iba a permanecer sin ser tocado por esas dos semanas. Fueron las primeras vacaciones que me tome en mucho tiempo, y les digo fueron increíbles. No solo eso, pude pensar a plenitud y a gusto sobre las cosas incluidas en la lista, y cuando llegué de regreso, estaba lleno de energía, como nunca antes después de unas vacaciones, pude tomar decisiones realmente importantes. Sigue siendo una práctica que hago con bastante regularidad, y como digo, es una de esas herramientas que han marcado diferencia. El nivel de libertad de creación y eliminación de estas categorías de corta vida. @Antes_del_Aniversario es un contexto tan válido como @Casa; así como lo es @Momento_de_Reflexión o @Trabajo.

Los contextos están diseñados, tal y como yo lo veo, no para limitarnos, sino para permitirnos movernos aun mas rápido y certeramente. El objetivo es eliminar el ruido y reducir la resistencia, así que considérate libre de eliminar o reducir el ruido y la resistencia que todos tenemos como mejor te funcione. No pienses que existe un límite, más allá que el límite que tu te impongas a ti mismo, no pienses que existe un solo grupo válido de contextos, existen tantos como cuantos tu consideres válidos. En contextos, como en productividad y eficiencia, las reglas más importantes son las que tu mismo creas.

16 - NO LE TEMAS A LA LISTA DIARIA DE COSAS POR HACER

Para mucha gente la lista de cosas por hacer hoy (@Para_hacer_Hoy) es la mejor manera que han encontrado de manejar su vida, para aquellos que han leído y practicado los principios de David Allen en Organízate con Eficacia, ésta es algo que se supone no debes hacer, es algo a lo que la gente le tiene más que miedo, terror.

La lista diaria es una gran ayuda, bajo los principios correctos, en mi modesta opinión. Las he hecho muchas veces, con un alto grado de efectividad, pero sin duda, el éxito de las mismas es en parte a que uso ciertas reglas.

A continuación les presento una pequeña lista con mis sencillas reglas:

1. La lista debe ser creada en base a las acciones del Sistema. (Si lo que estoy agregando a la lista no esta en el sistema, primero debe ser ingresado en él.)
2. La lista NO debe tener mas de 5 cosas (Si la terminas, siempre puedes elegir 5 mas, la idea de esta lista es sentir el éxito, no mas frustración)
3. Tienes que estar listo para tirar esta lista en la basura y crear una nueva si las condiciones cambian. (Esta es la regla más importante. Algunas personas empiezan con los 5 elementos y van agregando. La idea de éste tipo de listas, es evaluar lo que llega al sistema después de que la lista fue creada. Si lo que llegó es mas importante, es momento de regresar al paso 1.)

Una de las razones por la que mucha gente le tiene terror a la lista diaria es simplemente porque les recuerda aquellos momentos en que hacían lo mas urgente en lugar de lo mas importante o lo que mas satisfacción generaba. Yo creo firmemente en un sistema, yo creo firmemente en un sistema completo. Por años he trabajado en crearlo, mantenerlo y evolucionarlo mientras mis necesidades y realidades han cambiado.

Si en el 2003 hubiese planeado el sistema que tengo ahora, hubiese pensado que era imposible lograrlo.

Para mi la lista diaria no es mas que un contexto temporal, con reglas especiales, de allí la importancia de limitarlo (en mi caso a 5 cosas) y usar la mas importante regla (Regla #3) y estar listo para tirarla en la basura y crear otra. Esta última regla es la parte más difícil. Una vez que haz creado la lista, en teoría, haz establecido que esas son las 5 tareas más importantes del día. Eso quiere decir que si alguien llama y solicita algo, ese nuevo elemento va a ser evaluado solo contra el contenido de la lista, pero algunas veces, este elemento cambia todo, en ese momento el secreto no es crear el elemento seis de la lista, sino ponerla en la basura y volver al paso 1. Cuando no hacemos eso, la lista termina en diez o doce elementos, no exactamente lo que estábamos buscando. Esto último, es necesario recalcarlo, pues es una de las cosas más importantes de esta lista. Ayer cree una de estas listas diarias, pero cuando iba por la tercera acción de la lista me di cuenta que había algo mucho mas relevante e importante que lo que estaba haciendo (a veces es algo incluso mas divertido, eso también cuenta y es válido) así que rápidamente tiré la lista en la basura y me dediqué a prestarle toda mi atención a eso. La gran ventaja en este caso de la regla 1, es que si no marqué las tres tareas como hechas, no pasa nada, cuando vuelva a revisar mi sistema, las puedo marcar. Pero como las cosas de esta lista vienen de mi sistema, botar la hoja de papel no crea ningún efecto, de hecho el sistema no se ve afectado. Si en vez de una decisión consiente, hubiese sido una verdadera emergencia, el sistema tampoco se hubiese visto afectado de manera alguna. En este caso cuando la tiré había completado tres elementos, pero los dos a desechar siguen en mi sistema, así que no se van a perder. Es mucho más fácil evaluar la nueva información en base a una clara perspectiva que en base a un caos mental. La razón por la que fue tan fácil darme cuenta que lo que había parecido como mas importante realmente lo era, era que lo estaba comparando contra lo que unas horas atrás había considerado las 5 cosas mas importantes del día, no contra 10, 100 o 1.000. Eran solo 5 (de hecho 2, porque ya había culminado 3). Una vez identificado el nuevo elemento, la lista fue a la basura y una vez culminada esa tarea, pude volver a evaluar lo que había basándome en una nueva perspectiva.

15 - CREA UN AMBIENTE PORTATIL PARA PENSAR

Este es uno de esos consejos tontos, que hacen la gran diferencia, y que ha sido grandioso cuando necesito pensar, resolver problemas, concentrarme o sencillamente escribir.

Alguna vez te has detenido a pensar ¿que necesitas para pensar? ¿Cuales son tus elementos favoritos que te crean un ambiente propicio? ¿Es un tipo de café? ¿Un copa de vino tinto? (Quizá algo mas específico, como ¿una copa de vino de Rioja?) ¿Música?

En mi caso es indispensable la música. (El café siempre es un gran acompañante) Eso he aprendido que es lo que lo hace portátil en mi caso, desde el momento que identifiqué que era lo que necesitaba para pensar, lo llevo conmigo todo el tiempo. Una vez que reconocí esto, descubrí que distintos artistas y géneros producen efectos diferentes. La Novena Sinfonía de Beethoven, interpretado por la Filarmónica de Berlín y Herbert von Karajan a la dirección es una de mis favoritas para pensar. Me produce tranquilidad y me permite visualizar las cosas. Si por el contrario voy a escribir, prefiero escuchar Fito Páez, Hombres G o Joaquín Sabina a todo volumen, de cierto modo no le presto atención, pero cuando me distraigo, me es fácil regresar. Cuando necesito subirme el ánimo, utilizo normalmente la misma combinación. Paco de Lucia interpretando el Concierto de Aranjuez me relaja completamente. Esto, en mi caso es fácil hacerlo portátil, pero desde el principio no supe que eso era lo que necesitaba para pensar, trabajar y sonreír.

Para algunas personas es un tipo de té o una pluma específica, un teclado que solo usan para eso o una vela en frente de la computadora, o lo que llaman ruido blanco.

Como digo, en mi caso particular, para pensar y resolver problemas mi ambiente portátil incluye, algo con que escribir (en general el iPhone o el iPad, así como en el pasado era el Treo o la Palm) y la Novena Sinfonía de Beethoven dirigida por Herbert von Karajan con la Filarmónica de Berlín. No es cualquiera, es realmente muy concreto, pero siempre está conmigo, si voy a pensar, solo necesito mis audífonos y poner esa sinfonía, en muchos casos a todo volumen para bloquear el ruido exterior. He tratado con cualquier música clásica, pensando que era necedades de mi parte, pero no es cualquier cosa lo que pone a mi cerebro en el estado correcto y adecuado. Con los años he dejado de ser testarudo y he entendido que no es cualquier música, son necesidades específicas, y por esa razón siempre las tengo conmigo. Algunas veces tengo la suerte de tener en el maletín los audífonos que cancelan el ruido exterior, en cuyo caso, también lo oigo a todo volumen. Honestamente, este sistema me ha proporcionado grandes ideas, y puedo ponerlo en uso en cualquier parte del mundo o de la ciudad, inclusive de mi casa.

Escribir es el arte de crear y pensar; no importa si es ficción o no, es cierto tipo de música lo que me pone en el lugar mágico (ese que definió Mihaly Csikszentmihalyi en su libro, "Flow") es ese tipo preciso de música que me permite aislar entorno, la distracción, y generar el ambiente perfecto. (Aunque me encuentre en el lugar mas imperfecto)

Me encantaría decir que esto es algo de lo que me di cuenta hace años, pero no. Lo bueno es que una vez identificado y en uso (cuando no ando de tozudo y decido ignorarlo aun sabiendo que funciona) logro hacer cosas que en otros momentos simplemente es imposible, y trabajo por horas o resuelvo problemas que de otro modo me tomaría muchas mas horas (o que quizá no obtendría la solución)

Es importante pensar en cualquier parte, pues en el mundo ideal todos podríamos regresar a ese cuarto donde guardamos la botella de Oporto y el chocolate negro, la butaca de cuero que todavía huele a nueva con la luz perfecta y el papel grueso donde la tinta china no se traspasa... Si alguien tiene un cuarto así que me pueda prestar, yo llevo el Oporto. Yo no lo tengo, ni lo he tenido nunca, pero no dejo de pensar en ese lugar mágico.

En mi caso, esa imagen no sucede, pero si me he encontrado en un café, afuera esperando para recoger a mi hija en el colegio, o una mañana en la cual ando simplemente estresado pues las cosas no avanzan como creo yo que deberían haber avanzado. Es en esos momentos donde la posibilidad de poder poner mi cerebro en modo de pensar rápidamente es útil, es increíblemente útil. Pero en algunos casos es imposible conseguir o ir a ese lugar perfecto que en nuestra cabeza se puede crear. No hace mucho, conversando con otro escritor, hablábamos exactamente de esto y su respuesta se me hizo interesantísima; para crear el ambiente él toma té, (es el único momento en el que lo hace, de resto toma café) y se quita los zapatos. No importa donde se encuentre. De algún modo, la combinación de té (incluso de mala calidad) y andar sin zapatos, le ha permitido desconectarse de lo que lo rodea y poder entrar a ese lugar donde crea las historias. Cuando le mencione la música, me dijo que si le pusiéramos música, el canta, nunca se concentraría, pero el té (nuevamente aunque sea malo) y quitarse los zapatos pueden hacer milagros.

Piensa por un momento cual sería tu lugar perfecto para relajarte, para pensar, para escribir. Piensa en detalle. Ahora empieza a quitarle elementos, si es un cuarto blanco, con una silla de cuero blanca, con una tasa de algo caliente y humeante, empieza a eliminar las cosas. Que contiene la tasa, ¿Té?, ¿Café? ¿Que tipo de música?, ¿está en silencio? Busca encontrar la imagen perfecta. Empieza a buscar el elemento clave, ¿es la silla o como estas sentado? ¿Es el silencio o el hecho que tus ojos están cerrados?. ¿Es el color blanco, o podrías relajarte si ahora fuera todo rojo?. En mi caso era la música. Siempre ha sido la música. En el caso de mi amigo, era la tasa de té y no llevar zapatos. ¿Que tendría tu espacio? ¿Que lo haría portátil?

14: TEN MAS DE UNO DE LAS COSAS QUE USAS CONSTANTEMENTE

¿Cuantas veces has llegado a la oficina y sacado del Maletín el cargador de la computadora? ¿El cable del iPhone o de tu teléfono portátil? ¿Esas cosas genéricas que usas a diario? Peor aun, ¿Cuantas veces se te ha quedado el cargador o el adaptador en la casa?

Este es uno de esos costos ocultos que ignoramos, casi nunca se me queda en la casa, o en la oficina, o eso solo me ha pasado una vez. Pero todas las mañanas me agacho a enchufarlo detrás del escritorio, me agacho para desenchufarlo, lo guardo, y demás.

Prueba lo siguiente, mide el tiempo que toma hacerlo. En la mañana, en la tarde, en la casa y mientras lo guardas. En menos de una semana empiezas a acumular horas. Eso sin contar que se te olvide y tengas que regresar (asumiendo que puedes entrar a la oficina después de cierta hora, muchas personas no puede) En mi caso descubrí que conectar todo, me llevaba tres minutos en la mañana, dos en la tarde, dos en la casa y tres mas en la noche antes de dormir. Eso es un total de 10 minutos diarios. Una hora de mí vida a la semana (Ok, 50 minutos de Lunes a Viernes, eso si no movía la maquina durante el fin de semana). Me pregunté si podría hacer algo con esa hora, y si la hora semanal haría alguna diferencia y cual sería el costo. En mi caso, el importe era mucho más alto que el valor del cargador de la computadora, y los cables. Ese mismo día compre un juego completo para tener en la casa y dejé el otro en la oficina. En algún momento en el que viajaba 80-90% del tiempo, tenía un tercero en la maleta que solo usaba cuando estaba viajando.

Fue allí donde aprendí que aquellas cosas que utilizo constantemente tengo siempre al menos dos. Cargadores de la Computadora, por ejemplo tengo tres. Uno en el maletín, uno en la casa y uno en la oficina. Audífonos del iPhone, dos. Uno en el bolsillo de mi pantalón y uno en el maletín. Nada peor que se dañe durante una llamada de teleconferencia que sabes que va a ser larga. Plumas, dos. La que siempre uso y una de repuesto en el maletín. (Esta última es una pluma barata, pero le cambié la tinta por la misma que usa la pluma que me gusta) Ambas usan el mismo cartucho, aun cuando no me gusta mucho la pluma barata, como usan el mismo cartucho, si la pluma buena se pierde, no estaré molesto trabajando con el repuesto hasta que la pluma buena sea remplazada.

El ahorro de tiempo y productividad no es muchas veces medido en horas por semana, sino en minutos al día que van sumando horas a la semana, sin uno darse cuenta. Ahorrar diez minutos al día no parece gran cosa, pero es una hora a la semana. Imagínate la oportunidad que existe de mejorar rutinas donde te puedas ahorrar de cinco a diez minutos. Supón que consigues, veinte minutos diarios de ese modo… (Si, eso hace dos horas adicionales. ¿Una siesta el sábado?) Es similar a cuando las personas se dan cuenta que con los US$5 del café de Starbucks podrían haber comprado la cafetera que pensaron era muy cara y tomarse mas cafés del que se toman a diario.

Existen cosas, cuya inversión a largo plazo es irrelevante, pero el ahorro en productividad es altísimo. Cuando viajaba constantemente (hubo un tiempo que por trabajo viajaba mas de 160.000 millas al año) tenía un juego completo de las cosas del baño, cuando llegaba a la casa, no tenía ni que sacarlo de la maleta a menos que fuera para completar lo que se hubiese acabado, de resto estaba siempre dentro de la maleta y listo para salir. En ese caso en particular de mi maleta de viaje, casi todo era duplicado, la gran mayoría de las cosas nunca salían de la maleta. En vez de tardarme treinta minutos todos los domingos, yo podía hacer mi maleta en menos de diez. (Consejo adicional: ten una lista de las cosas que llevas, nunca repases la maleta de memoria, normalmente falla, usa una lista.)

Una de esas cosas que no pensamos hasta que las necesitamos es un cable de ethernet, siempre ten uno en la maleta, el costo es cercano a cero, pero te puede salvar el pellejo (o convertirte en la envidia del aeropuerto o de la oficina que estas visitando)

Esta es una lista de cosas que por lo general no consideramos, pero que el costo es minúsculo y el beneficio increíble:

- Audífonos para el iPhone (o el teléfono que uses)
- Toallitas para limpiar los lentes
- Estampillas y sobres en Blanco
- Pluma de repuesto (con la tinta del color y marca que te gusta)
- Cargador para la Computadora (Uno en la oficina, uno en la Maleta y uno en la casa)
- Cargador para el iPhone (o el teléfono que uses) (Uno en la oficina, uno en la Maleta y uno donde cargas el teléfono normalmente, así siempre tienes batería)
- Baterías de repuesto para esos equipos que las usan y que siempre llevas contigo (El mouse o el teclado inalámbrico)
- Teclado externo (Si siempre escribes con un teclado externo, asegúrate de tener uno en cada sitio donde escribes, incluyendo las baterías de repuesto)

- Desodorante y Pasta Dental (El que está en uso y uno de repuesto, si se acaba sabes que tienes tiempo de conseguir el sustituto, nada peor que levantarse apurado y no tener desodorante o pasta dental)

- Destornillador para los lentes (y tornillos de repuesto)

- Pen Drive (Uno en la maleta, una en la Casa, una en la oficina mas aquella que usas constantemente)

- Pastillas para el dolor de cabeza, estomago y acidez (Casa, Oficina y Maletín)

- Identificación (Cartera y Maletín)

Como puedes ver el listado es corto, aunque estoy seguro que existen aun muchas más cosas que calificarían para esta lista, cuyo costo es realmente bajo, pero el beneficio es increíblemente alto. Perder tu identificación puede ser un gran problema cuando viajas por avión, pero tener una de repuesto te puede ayudar; definitivamente no hay nada peor que tener dolor de cabeza y andar pidiendo una pastilla. Ten un par, de la marca que sabes que te hace efecto. Lo mismo aplica con las baterías de repuesto, las baterías siempre fallan cuando no hay alguna cerca, de resto duran eternamente.

Son estas cosas, las que usamos constantemente, que cuando tenemos resuelta la crisis antes que suceda pueden generar grandes alivios y enormes ganancias de tiempo. La productividad y la eficiencia se encuentra no en buscar horas para ahorrar tiempo, sino en eliminar minutos perdidos y cambiarlos por minutos disfrutados.

13: LA LISTA DE REFLECIONAR

Esta lista surgió en unas vacaciones, la primera vacación real que tomamos, desde que empecé a trabajar y mi esposa y yo no dependíamos de alguien más que de nosotros mismos. Antes del viaje y revisando mi sistema hice una lista de cosas en las que me gustaría pensar y reflexionar, si tenía el chance mientras disfrutábamos del viaje, pero no quería tener que revisar mi sistema, ni ver los pendientes hasta mi regreso, así que en una ficha de 3x5 anoté esas cosas que me gustaría pensar en el caso que apareciera un chance. La oportunidad apareció, y la verdad sea dicha; nada mejor que arreglar el mundo (o a veces la pequeña parte que te corresponde) viendo el océano con una copa de vino de Rioja...

Lo otro que llevaba era una pluma y uno de esos Moleskines que había comprado en caso que necesitara escribir. La idea era no sacar mi teléfono inteligente en el viaje y de esta forma evitar la tentación de no descansar, o peor aun correr el riesgo que mi esposa se enojara, pues le había prometido que iban a ser unas vacaciones.

No solo la experiencia fue increíble; sino que además pude pensar sin preocupación en las cosas de la lista y en muchas más que no tenía idea que estaban rondando en mi cabeza molestándome. La experiencia fue tan grata que la lista se convirtió en algo fijo en mi sistema, y una vez a la semana, (a veces mas que eso) tengo como costumbre abrir la lista y pasar un rato resolviendo alguna de esas cosas. Algunas de ellas permanecen en la lista por meses, por la sencilla razón, que hasta que no he reflexionado y llegado a la conclusión que necesito, hasta ese momento, no salen de la lista.

El requisito para salir de la lista es simple, tengo que llegar a ese punto en el cual ya no quiero, ni necesito pensar o escribir más sobre el tema. Es difícil, como la gran mayoría de las cosas en las que necesitas pensar y reflexionar el miedo trata de sabotear este ejercicio, así que es necesario identificar si es en realidad que terminé o por el contrario, el miedo no quiere que siga explorando el tema. Mucha veces he estado convencido que ya he cubierto el tema solo para verlo resurgir semanas o meses después.

Recientemente (y por más de un año) en la lista estaba lo siguiente:

- ¿Que escribes? ¿Ficción, Productividad? ¿Los dos? ¿Ninguno?

No es secreto que me apasiona escribir ficción, pero tampoco es un secreto lo que disfruto escribiendo sobre productividad, no estoy buscando ser un gurú en la productividad, eso lo se, pero sin duda es un tema que me ha sido sumamente útil y del cual siento que todavía me faltan cosas que quisiera aprender y compartir con los demás. El problema es que me parecían contradictorios posible imposible desarrollar estos dos géneros juntos. Pensé en escribir una bajo Augusto Pinaud y otra sobre A. Pinaud. Pero algo en esa idea no funcionaba. Finalmente un día reflexionando en eso escribí lo siguiente:

"Mi Nombre es Augusto Pinaud. Soy un escritor. Generalmente escribo ficción y sobre productividad, quizá ambas estén relacionadas."

Fue una línea simple, (después de muchas horas tratando de desarrollarla) pero en lo que entendí que el limitante me lo estaba poniendo el miedo, la solución fue inmediata. Ese fue el día que la idea de este libro surgió. El primer borrador lo escribí en cinco días. Era como si me hubiese liberado de un peso gigante, de algo que no sabía que tenia, ni que existía dentro de mi.

Aunque parezca insólito, no fue hasta que lo leí en una sola línea, que por primera vez, hice las pases con el hecho que Augusto Pinaud es un escritor. Escribo sobre ambas cosas, ficción y sobre Productividad. Aun no he descubierto si los niveles de productividad que aspiro son ficción o si es gracias a la productividad, que consigo tiempo para soñar en las historias que escribo.

Otra cosa que por años estuvo en mi lista de reflexión fue la razón por la cual me negaba a escribir en español. A pesar de que es mi primer idioma y que no aprendí a hablar inglés sino hasta los 25 años. (Antes de eso no podía ni pedir ayuda para ir al baño)

Cuando volví a re-descubrir el arte de escribir y a perseguir mi aventura de ser un escritor, me negué a hacerlo en español. Gracias a esta lista y después de mucha reflexión encontré la razón. Esa es una de esas ideas que se mantuvo mucho tiempo en la lista. Otras han vivido una sola sesión. (En algunos casos reflexionas sobre este tema por más de un año, sin llegar a ninguna parte, en otras eres mas afortunado)

Son ideas simples, pues en general estas teniendo esos pensamientos y son cosas que de todos modos estas cavilando pero que no te das el tiempo de sentarte y concentrarte en reflexionarlos. Adicionalmente, existen temas que aunque te siguen molestando con el pasar del tiempo, y el temor continúa evitando que pienses, para mantenerlo en ese lugar oscuro, donde el recelo tiende a encerrarnos. El miedo aun me gana muchas batallas, pero esta lista me ha permitido poder ganar algunas, y descubrir cosas increíbles sobre mí y las cosas que hago.

El poder de la Lista de Reflexionar para mi ha sido invalorable. La razón aunque parezca simple no lo es. ¿Se acuerdan de aquel mal llamado "sentido común"?, pues esta es otra de esas instancias. Es "sentido común" que si tienes un problema te vas a sentar a pensar en él. Todo lo que puedo decir sobre eso es: "Seguro que si".

Aunque no lo reconozcas, estas pensando en esas cosas, pero en vez de hacerlo de una manera centralizada lo haces de una manera que te abstrae. Al colocarlo en una lista, enfocas tus energías en ese problema o situación en lugar de esperar que un milagro (o la simple casualidad) resuelva el problema. En mi experiencia, lo segundo (El milagro o la simple casualidad), siempre toma mas tiempo y en muchos casos aun mas energía que sentarse a pensar sobre el tema.

12: NO JUEGUES CON TUS HERRAMIENTAS DE PRODUCTIVIDAD (NI CON LAS QUE TE PRODUCEN INGRESO)

Las herramientas que usas para ser productivo (y que te ayudan a generar tus ingresos) no deben usarse para jugar. No darles la importancia que merecen no solo es un desacierto, es un error que puede llegar a ser muy costoso.

Reinstalar una computadora puede tomar más de un día. Reinstalar Outlook una vez corrompido puede tomar muchas horas.

(Asumiendo que cuentas con respaldo, de otro modo no solo tomara todo eso tiempo sino que los efectos son catastróficos.)

El año pasado, un amigo cercano, decidió hacer la actualización de su computadora, para tener el sistema mas moderno. El problema es que el mismo aun no había salido al mercado, la actualización era en beta. (Se entiende por software beta, ese que aun no esta listo para que el público interactúe con el, tiene errores, fallas y problemas) La instalación no presentó problemas, al poco tiempo su computadora funcionaba con el nuevo sistema. Había pequeños errores aquí y allá, pero nada grave. Por cinco días todo estuvo bien. El sexto día le tocó hacer las facturas para enviárselas a los proveedores. El programa de contabilidad era incompatible. A los pocos días, le toco reinstalar el sistema operativo anterior para poder realizar la facturación. Esta vez la instalación no fue tan perfecta como la del beta: la migración requirió más trabajo para ponerlas en el mismo estado en el que estaban antes de la "actualización." ¿Cuanto costó jugar con su sistema? Dos semanas sin ingresos debido imposibilidad de enviar facturas, sin contar la cantidad de horas reinstalando todo, copiando archivos, y reacomodando el equipo para realizar el trabajo atrasado.

Otro ejemplo, en el que la gente que quiere ser productivo, tiende a caer, en algún momento u otro, es el jugar con su sistema de tareas. Algunas personas mudan sus tareas a un nuevo programa porque tiene características que nos hubiesen sido útiles la semana pasada. ¿Cuanto tiempo se invierte en cambiar de sistema? Horas incontables desaparecen entreteniéndonos con la herramienta de trabajo en lugar en lugar de continuar produciendo. ¿Cuanto tiempo perdemos jugando con el sistema, en vez de utilizarlo para ser productivo?. ¿Pensar que todas estas horas perdidas, podíamos haber sido productivos o habríamos podido usarlas jugando con la familia o leyendo un libro?. Cada hora que invertimos en migrar del programa A al programa B y en ver como el programa B hace eso que tanto me gustaba de programa A usamos horas que están costándole mucho a alguna parte de tu vida.

Esa es una de las cosas las cuales la gente tiende a ignorar, el tiempo se pierde jugando y explorando (Yo también me declaro culpable de esto. Por muchos años pasé horas jugando con programas por curiosidad o porque creí me podrían ser útiles.) Probar productos tecnológicos, de computadoras, máquinas y servicios puede llegar a ser adictivo (y sumamente divertido) y es una actividad apropiada cuando se hace bajo el concepto de jugar y no bajo la excusa de ser productivo. Es aun más importante, cuando no existe riesgo de dañar nuestra herramienta de productividad que usamos para generar ingreso. Es este último elemento lo que la mayoría no aprecia, instalamos software, agregamos hardware, probamos servicios en con la misma herramienta con la que después esperamos realizar nuestro trabajo y ser productivos. Si nada pasa, es perfecto, pero el riesgo es extremadamente alto y cuando los problemas ocurren, nunca pensamos que fuimos nosotros mismos los que generamos inicialmente el problema, pensamos que el sistema operativo es malo , o el equipo o que tuvimos mala suerte.

Conste que yo no estoy diciendo, que no se debe jugar, ni probar equipos o programas de computadora. En lo que estoy haciendo hincapié es en que debe existir un equipo con el que esperamos ser productivos y otro con el que vamos a jugar. Reconstruir un equipo para jugar nunca es problema, reconstruir nuestra herramienta de producción, es siempre una emergencia y un gran problema.

Hace mucho entendí eso, por años viaje con dos PCs. (La excusa principal era que usaba dos monitores, la verdadera era poder hacer ambas cosas, jugar y trabajar) Desde que salió el iPad, se convirtió en mi equipo principal de trabajo. Cuando los betas para iOS5 salieron, fui invitado a instalarlo. Un programador amigo quería escuchar mi opinión sobre un par de cosas. Lo instale solamente en el iPhone. Cuando se enteró, me preguntó porque no lo había instalado en el iPad, a lo que le expliqué el principio que contiene este capítulo. Poco después había comprado una segunda iPad, cuando le pregunté porque, me contestó, que usaría una para trabajar, la otra la usaba para jugar y experimentar. En ese momento supe, que había logrado enseñarle a alguien una lección que para mi era muy importante.

11 - COMPRA UNA SILLA. UNA BUENA QUIERO DECIR

En promedio, pasamos seis horas sentados en una silla, de lunes a viernes, trabajando. En general, estamos sentados en una silla que no posee soporte, en muchos casos no es ajustable, y mucho menos cómoda. En pocas palabras me estoy refiriendo a la silla de tu oficina. Esa que te dieron. A menos que trabajes en un lugar como Google, donde la silla es Ergonómica (porque esperan que te sientes mucho tiempo en ella) lo más probable es que tu silla haya costado, un promedio de US$35. En el caso de mucha gente, la culpa siempre recae en el departamento de recursos humanos, cuando sin notar que la responsabilidad es de ellos y no de alguien mas. Si no te proveen las herramientas adecuadas para hacer tu trabajo, debes buscar una manera de obtenerlas.

Por años use una de esas sillas "cómodas" que proveía recursos humanos. Cuando se empezó a hablar del escritorio de pie lo adopté inmediatamente. La silla era incomoda, trabajar de pie era sin duda mejor. En ese momento, aun no había entendido la importancia de sentarse por horas en algo cómodo. La verdad, eso no lo aprendí en la oficina, lo aprendí gracias a la oficina en casa.

Por mucho tiempo, traté de instalar un lugar de trabajo en la casa, compré escritorios, (si mas de uno) trate con infinidad de cosas pero siempre terminaba trabajando en el sofá de la casa. No lograba de manera alguna que el lugar fuera cómodo.. Busqué un sofá y lo puse en el cuarto donde estaba la oficina de la casa (con la intención de trabajar mas tiempo en el cuarto de la oficina y poder de algún modo seguir justificándolo) y eso me hizo quedarme en ese cuarto, pero aun no me acercaba al escritorio lo suficiente; lo mas exitoso que había logrado tener en mi oficina de la casa había sido con el escritorio que había hecho para trabajar de pie.

No fue hasta muchos años después que tuvimos una visita en la casa por tres meses que tuve que mudarme del cuarto donde estaba la oficina a la mesa del comedor. Empecé entonces a trabajar allí por horas. Una vez que la visita se fue, me volví a mudar al cuarto donde meses atrás estuvo mi oficina. Veinticinco minutos después estaba en la cocina preparando un café. Fue en ese momento cuando por primera vez entendí que el problema no era el cuarto, era LA SILLA.

No podía creer que la solución era algo tan simple, había comprado herramientas, monitores, teclados, mesas, accesorios, pero nunca había comprado nada más que aquella silla barata de Target y una plegable que tuve posteriormente.

Tome una de las sillas del comedor y las puse en aquel cuarto que por años había fracasado como oficina. Los tres días siguientes trabajé como nunca en ese lugar. El viernes, a petición de mi esposa, regrese la silla al comedor y volví a poner mi silla vieja de oficina; y perdí el viernes, pues no logre concentrarme, tomé café, agua, fui al baño, busque ordenar cosas en el otro cuarto, pero no me senté ni por un segundo a hacer lo que debía, y mucho menos en el escritorio.

El lunes, empecé la semana con la silla del comedor y aprendí, que se necesita una silla cómoda, donde después de cinco horas aun tuviera ganas de seguir sentado, lo que seguro quería era un lugar donde no me cansara trabajar, pero honestamente hasta ese momento nunca había pensado en la silla. Créanme que de haberlo entendido antes, hubiese pagado con gusto por aquella silla que me dejase trabajar cómodo por largas horas, el problema no era que no quisiera trabajar, era que no lograba quedarme sentado el tiempo necesario para mantenerme útil lo suficiente.

Ahí llegó el momento de cambiar las sillas de mi vida, donde trabajaba, a sillas cómodas donde pudiese pasar horas sentado, sin perder la concentración por el hecho de estar sentado en ellas. Aun me siento en el sofá, pero no porque no puedo resistir la silla, sino porque en algunos momentos el sofá sigue siendo el lugar apropiado. Pero desde que descubrí la silla ideal, paso incontables horas sentado allí, donde la distracción es cualquier cosa menos la incomodidad de la silla donde estoy sentado. De vez en cuando me encanta hacer cosas de pie, pero la gran mayoría de mi trabajo lo realizo sentado, en una buena silla, cómoda, que me permite estar sentado mas de ocho horas sin sentir que he estado todo ese tiempo. Antes que me lo menciones, ya sé que eso parece "sentido común" pero para mi nuevamente no lo fue. Además si efectivamente es así; por que razón existen tantas personas sentadas en cuanta porquería de silla está disponible en la mayoría de las oficinas que he visto, gente con problemas serios de espalda, y otras dolencias, que nunca se han dado la oportunidad de tener una silla que les permita disminuir (y estoy seguro que en muchos casos eliminar) los padecimientos que sufren. Claro, es "sentido común" esa es la razón por la que yo nunca lo considere. De cualquier modo, lo importante es evaluar esa silla donde estas sentado, donde pasas gran cantidad de horas. ¿Es adecuada? ¿Te causa dolores? Quizá es momento de salir a comprar una silla de verdad, una buena y cómoda a eso me refiero.

10: PLANEA POR LAS COSAS SENCILLAS

Cuando la gente empieza a planificar y organizar; piensan en los grandes proyectos, en bloquear horas y días, en cuantas horas necesitan para escribir la gran novela, no en aquellas cosas simples y sencillas.

En mi opinión, se debe empezar por organizar y planear esas cosas sencillas y tontas; eso es exactamente lo que me va a permitir planear las cosas grandes e importantes. Otra de esas cosas aprendidas recientemente... Que útil hubiese sido saber esto hace diez años.

Yo no escribo todos los días, tengo días en los que hago otras cosas (simples y poco importantes) de manera que cuando me siento a escribir dedico toda mi atención escribir a eso, en vez de tratar de trabajar en el proyecto de mi libro mientras mi mente me recuerda que no tengo leche, o que se me va a acabar el café o que aun no he hecho la cita con el Pediatra.

Por años pensé que podía hacer ambas tareas durante el día, y recientemente entendí que si elimino el ruido que esas tareas simples y poco importantes producen, puedo concentrarme y trabajar a niveles increíbles.

Para poder ser efectivo y realmente gozar de tiempo de alto enfoque, es importante planear las cosas pequeñas. En mi calendario por años ha habido tres tipos de citas, mi almuerzo, tiempo para ocuparme del email (al menos dos sesiones de 30 minutos cuyo objetivo es conseguir que la bandeja de entrada llegue a Cero) y por último tres horas a la semana para mi revisión semanal y mi hora extraordinaria. La gente que me conoce, sabe que lidiar conmigo hambriento es una mala idea, así que para mi es importante no estar hambriento. Por eso mi almuerzo, ha sido siempre algo importante y para lo cual siempre dispongo del tiempo necesario. Si te quieres reunir conmigo a esa hora, tiene que ser en un restaurante frente a un buen plato de comida, de otro modo es una hora antes o una hora después. Con el email pasa lo mismo. La gente piensa que el email es una de esas cosas a la que de algún modo tendrás que enfrentarte, la realidad es que en la gran mayoría de los trabajos, contestar y revisar el email es tan importante como sentarte en esas reuniones en las que tienes que estar por razones políticas, así que mejor planea sentarte a revisarlo, del mismo modo como lo haces con las reuniones estratégicas. En mi experiencia, la gran mayoría de las personas necesita una hora para mantener control sobre el email. 30 minutos al principio del día, y 30 minutos a mitad del día. (Otro tanto necesitan otros 30 al final del día.) Si usamos algo de matemática, restando el número de horas que necesitas para revisar y responder el correo y la cantidad de horas sentados en juntas, descubrirás que en realidad lo que se espera es que hagas tu trabajo en dos horas y media. Eso incluye, socializar, almuerzo e ir al baño.

Tiendo a destinar tiempo de la semana para las cosas pequeñas, agrupándolos en un día o dos y el resultado ha sido increíble. La razón es simple, son estas cosas pequeñas las que después se convierten en emergencias, que ya no se pueden evitar y que ahora requieren nuestra atención. En muchos casos son esas cosas pequeñas las que no te permiten ponerle el nivel de atención necesario a las que son de verdad importantes. Igualmente son estas cosas pequeñas las que requieren tu inmediata atención cuando estas ocupado en un proyecto o tarea importante. Estas son las cosas donde dejamos que la desidia nos gane. Esperamos el momento en el que tengamos mas ganas, y cuando sea más conveniente; pero esta hora nunca llega. Y no es hasta que esa tonta actividad se convierte en una emergencia que pensamos en todos los momentos en que podíamos haberlo resuelto en veinte minutos en lugar de una hora o tal vez mas. En la mayoría de los casos no nos damos cuenta que esa tontería está en nuestra mente distrayéndonos días, semanas, a veces meses.

Archivar, pagar las cuentas, organizar los archivos en la computadora, llevar los perros al veterinario, hacer la actualización de software, actualizar la computadora, cambiar el disco duro que esta haciendo el ruido extraño; son algunas de esas tareas que son tontas, pero el tiempo parece nunca llegar. Todas estas son ejemplos de las actividades que podemos hacer en minutos pero que en general esperamos hasta que se convierten en tareas que nos van a tomar horas resolverlas.

Todos hemos planeado en algún momento u otro, tomar un día para hacer algo importante, hemos pasado días planeando para remover todos los obstáculos del camino para poder aprovechar el tiempo y sacarle el máximo provecho a ese tiempo que estamos apartando. Todos hemos experimentado y saboreado esos días. Saben a éxito, y se recuerdan por largo tiempo. Lo preocupante (yo también soy culpable de esto) es que no los hacemos constantemente. Experimentamos el éxito, sonreímos de satisfacción, cuando lo hacemos, pero no lo hacemos constantemente por alguna razón que yo mismo no entiendo. Una vez que empecé a planear estos y a asegurar que las cosas tontas estaban listas, y creando estos días "especiales" en vez de una vez cada luna azul, una vez o mas a la semana, los resultados empezaron a mostrarse de un modo totalmente inesperado.

Si algo aprendí, y espero poder enseñarle a alguien es el valor de empezar por planear las cosas sencillas; de esta manera aumentamos nuestra concentración y atención para cuando nos sentamos a hacer las cosas importantes. No todos los proyectos o tareas son iguales, eso lo sabemos todos, ¿entonces porque insistimos en tratarlas como tal?. La próxima semana planea pasar al menos medio día limpiando y haciendo cosas sencillas y tontas que te están molestando. Después trabaja en algo importante por lo menos medio día. La experiencia será increíble.

9: SIEMPRE LLEVA CONTIGO ALGO PARA LEER

Aun con la existencia de los teléfonos inteligentes, iPads, los libros electrónicos y demás artilugios electrónicos (y no electrónicos) disponibles, todavía me impresiona cuantas personas se sientan en las salas de espera con la ilusión que alguna de las revistas disponibles tenga material de lectura interesante. Esto sucede aun cuando en la casa tienes la revista que realmente te gustaría leerse, o la novela que estabas leyendo la noche anterior hasta la una de la mañana. En muchos casos, es cierto que ya no abren la revista, ahora hacemos cosas importantes como jugar Angry Birds, mientras tanto, la pila de cosas por leer, crece y crece, hasta que definitivamente renunciamos a intentar leerlas. Eso ultimo es lo triste, todas estas personas, tienen cosas en la casa que quisieran leer, que las tienen pendientes, libros y revistas que terminan apilándose en sus casas. Tener algo a mano que uno quiere leer es un acto de eficiencia.

Cuando aun leía revistas de papel, me las llevaba al doctor y las dejaba allá una vez finalizadas,. Hoy en día llevo libros, o aquellas cosas que me quiero leer de blogs o el internet en Instapaper. Siempre tengo algo para leer que me interesa y que me acerca a leer todos los pendientes en algún momento.

Por muchos años uno de mis objetivos anuales ha sido leer más de 52 libros. (54 en el 2011, 71 en el 2010, 55 en el 2009, lamentablemente nunca tuve una lista antes del 2009) Cuando alguien me pregunta como lo hago, la respuesta es simple, siempre tengo un libro conmigo. El que me estoy leyendo. Esperar quince minutos en el doctor, se convierten en quince minutos de lectura. Esperar afuera del colegio de mi hija para recogerla, son entre diez y veinte minutos de lectura, Clase de baile, son cincuenta minutos de lectura. Todos tenemos esos espacios donde podemos leer, es simplemente que el libro, o la revista o el artículo esta esperándonos en otro lugar.

Ir a esperar (y todos esperamos por muchas horas) con la ilusión de encontrar algo interesante que nos acerque a nuestros objetivos y sueños es como conseguir en el pasillo número cuatro del supermercado tiempo embotellado y que al consumirlo nuestro día va a ser de veinticinco horas. Estoy seguro que alguien ha encontrado un artículo esperando que le cambie la vida, pero en general yo asumo que eso suele ser más la excepción que la regla. En general pasamos la mayoría del tiempo de espera hojeando revistas que no nos interesan en búsqueda de algún artículo que nos ayude a pasar el tiempo, en vez de llevar con nosotros ese libro que la noche anterior nos mantuvo despiertos hasta las tres de la mañana y que teníamos muchas ganas de seguir leyendo.

Nuevamente, es una de esas cosas tontas que todos hemos hecho, pero que se convierte en algo improductivo si no lo hacemos. Ser eficiente y productivo requiere pensar en esas pequeñas cosas, lo ideal sería tener cuatro horas donde nadie nos interrumpa, pero yo no me acuerdo cuando fue la ultima vez que tuve uno de esos bloques de cuatro horas y estoy seguro que tu tampoco.

¿Quieres incrementar la cantidad de cosas que lees?, aprende a llevar contigo siempre algo que leer, algo que estas leyendo, que realmente te interese o de aquello que quieres aprender a escribir. No sigas tratando que sea cuestión de suerte encontrar ese próximo artículo, llévalo contigo. Si no tienes ganas de llevar toda la revista pues es muy pesada, arranca dos o tres artículos y solo lleva esas páginas.

8: REDUCE LA CARGA DIARIA

Cuando fue la última vez que revisaste todas las "necesidades" que cargas en tu cartera o en tu maletín.

En general las cosas tienden a entrar en nuestro maletín o cartera y quedarse ahí, y cuando nos damos cuenta ya ni lo podemos cargar. En mi experiencia hay tres tipos de cosas en todo maletín o cartera.

1.- Las cosas que deberíamos tener varias para no cargarlas (el cargador del Laptop, por ejemplo)

2.- Las cosas que ya no deberían estar allí (como ese bolígrafo sin tinta, el juguete que recogiste del carro hace una semana y que todavía no le has dado a tu hijo)

3.- Las cosas que pertenecieron, pero ya no. (Como las tarjetas de seguro que vencieron o la batería adicional de aquel celular que ya no tenemos)

Una vez a la semana deberíamos vaciar el maletín (igual la cartera) y considerar lo que debe volver adentro y que debe quedarse afuera. Traer todo encima por si acaso vamos a necesitarlo no ayuda, además que puede perjudicarnos la salud, aunque suene tonto.

Hace muchos años, empecé a tener problemas de espalda. (Para los que me conocen desde esa época, es cierto que tenia mucho sobrepeso, pero igual el dolor de espalda no era normal.) Cuando fui al médico y le expliqué mi problema en la espalda, sin de hacer nada, empezó a verme. Sin señalar lo obvio (el sobrepeso) me pidió que caminara y tomo mi maleta. Antes de pesarme a mi, la pesó a ella. Todavía recuerdo que eran 20kgs (44 lbs) Eso era cuando aun llevaba todo lo que quizá podría necesitar, tal vez o mas.

La receta del médico fue simple: "tienes que traer menos cosas o comprar un maletín con ruedas" Me cobró y cada quien siguió su camino.

En aquel momento compré un maletín con ruedas,(ok, me tomo días hasta que se me pasó la molestia y decidí hacerle caso al Doctor) Lo peor fue que en lo que disminuí el peso sobre espalda el dolor desapareció. ¿Dije que andaba enojado y que no le había creído completamente al doctor? Pero me tomó años entender que necesitaba muchas menos cosas de las que cargaba diariamente. Es fácil pensar que el mundo se va a acabar si no tenemos esas cosas que nos pueden ser útiles algún día. La realidad es que en general nunca la usamos y cuando la necesitamos el maletín esta en el carro y lo hacemos sin esa cosa.

Todos hemos cargado una cantidad de cosas inútiles, que quizá nos podrían ser útiles, que sin duda nos son útiles pero no todo el tiempo.

Hoy en día, una vez a la semana saco todas las cosas de mi maletín. Aquellas cosas que no he usado, son evaluadas para ver si deben seguir allí o no. El resultado un maletín pequeño que pesa muy poco. En muchos casos solo llevo el iPad y nada más. He comprado accesorios que me disminuyen las cosas "indispensables" pero de cualquier modo, el maletín hoy en día pesa prácticamente nada, ya no me pregunto como la gente hace con esa maleta casi vacía, sino que mas bien, trato de aprender que es lo que yo aun tengo dentro que sigue siendo innecesario.

7:ANOTA LA INFORMACION CLAVE

¿Cuando fue la última vez que se acabó la tinta de la impresora? Exactamente cuando necesitabas imprimir ese papel urgente y tuviste que salir corriendo a la tienda. Llegas a la tienda, pensando que sabes el modelo de la impresora, y en lo que vez los cartuchos (a veces una pared completa de opciones) no tienes idea de la marca, mucho menos el modelo y descubres que no puedes comprarla pues honestamente no tienes idea de cual es. En algunos casos, agarrar el celular y marcar a la casa u oficina y pedirle a alguien que revise es una buena opción. En muchos casos, respiras profundo, manejas de regreso anotas el modelo en un Post-it y de vuelta a la tienda. Ahora si puedes comprar el modelo correcto, (mientras tu estrés se incrementa proporcionalmente a tu mal humor) corres de regreso y finalmente imprimes aquel documento tan importante, (una vez que haces eso y el documento esta listo, el Post-it va directo a la basura) Después de imprimir cierto número de páginas, nuevamente esta historia se repetirá. En un capítulo anterior mencioné que mantengo un set de cartuchos adicionales, pero por años corrí a la tienda y repetí esta historia más de una vez. Esa es la razón por la que me la se tan bien.

A todos nos gustaría pensar en no cometer este error (por llamarlo de alguna manera), quisiéramos ser como aquellas personas que siempre recuerdan el modelo correcto. Por años envidie a aquellos que podían hacerlo, que llegaban a la tienda y sabían exactamente el modelo de la impresora, el del repuesto de la etiquetadora y el modelo especial de bombillo que usa el refrigerador. Pensaba que era imposible que yo lograra hacer algo similar. Después descubrí que estas personas no tenían memorias increíbles. Su secreto era anotarlo y mantener la lista al alcance de la mano; para cuando fuera necesario. Lo ideal era no botar el post-it sino mas bien procesarlo en el sistema, de manera tal que la próxima vez estuviera disponible. ¡Gran diferencia!, una de esas cosas sencillas que con el tiempo genera resultados increíbles. Imagínate, un solo viaje a la tienda cuando necesitamos un nuevo cartucho de tinta... o el bombillo especial de la lámpara del baño que tuvimos la brillante idea de comprar, porque era hermosa.

Fue en el 2004 cuando por primera vez cree una lista con este tipo de información y no puedo describir la emoción ni el sentimiento de éxito que me produjo cuando llegue a la tienda y no tuve que enojarme, ni buscar el post it, ni llamar a nadie. Abrí mi Palm y busque: "Impresora" el resultado ¡Cannon BJ-10! Aun me recuerdo y sonrío. Fue uno de esos momentos donde descubres que existen cosas simples y "tontas" que pueden hacer tu vida mucho más sencilla y por supuesto mejor. Por primera vez, comprar cartuchos de tinta para la impresora era algo fácil.

Ya va, mi esposa me esta preguntando las medidas de la mesa del comedor... Si esa que se extiende. No hay problema, aquí esta. Esta vez en las notas del teléfono, no hubo necesidad de usar un Post-it (o regresar a la casa a medirla) y el problema de la compra del mantel fue solucionado. En el pasado dos cosas hubiesen pasado. Lo comprábamos, y por supuesto el tamaño era no era el correcto, por lo cual hubiésemos regresado a la tienda a cambiarlo (lo mas probable otra vez sin las medidas exactas) y hubiésemos comprado otro esperando que éste si fuera del tamaño correcto, o hubiésemos dejado el mantel en la tienda y manejado a la casa a tomar las medidas para regresar a comprarlo. A mi esposa y a mi, nos han ocurrido los dos escenarios y mas de una vez Ahora hemos aprendido a tomar medidas una vez y mantenerlo anotado en nuestros teléfonos.

Parece mentira la cantidad de cosas que no anotamos, pero que si tuviéramos las medidas correctas nos ahorrarían tantos viajes a las tiendas en los que tratamos de adivinar si esas son las medidas, o el modelo o las baterías correctas. Mi objetivo con este consejo, es no usar mi cerebro para recordar información inútil (como el modelo de la impresora o de la etiquetadora) y usarlo para cosas un poco más útiles (como el siguiente libro)

Esta son algunas de las cosas que están en mi sistema:

- Modelo de la Impresora (Modelo del Cartucho de Tinta de Color y Blanco y Negro)

- Modelo de la etiquetadora.

- Tipo de pila de los controles remoto de la casa (Televisor, Roku, Apple TV, Controles de la puerta del garaje, el teclado inalámbrico que abre la puerta del garaje)

- Medidas de la Mesa del comedor (extendida y sin extender)

- Medida de la mesa de la cocina

- Tipo de Batería que usa la Lámpara de la Parrillera

- Tipo de Batería que usa el mouse y el teclado externo

- Medida de los Filtros de Aire Acondicionado

- Medidas de los Filtros de Agua

- Medidas del sofá (Alto, Largo y profundidad)

- Medida de mi escritorio

- Baterías del sensor de monóxido de carbono

- Modelo de bombillos especiales (los del baño, la cocina, la nevera y demás necesarios)

No es que me pase días buscando esta información, la he ido anotando cuando ha sido necesario, pero en vez de hacerlo en un post-it, lo hago en una nota en el teléfono. Ahora tengo toda la información necesaria para comprar algún repuesto, es fácil, y lo mas importante es que me garantiza no tener que hacer mas de un viaje. ¿Sabes cual es el modelo de afeitadora que usa tu esposo o esposa? Mi esposa no me dice modelo X de color Y. Me pide que le traiga un repuesto para la afeitadora. Esta información está en el lugar apropiado, en una lista. En mi experiencia ella tampoco sabe, ella sabe cual es cuando la ve en la pared de las afeitadoras.

No dije que fuéramos perfectos, no estamos siquiera cerca; hace dos fines de semana, nos dimos cuenta que no teníamos las medidas de la ventana del cuarto de mi hija Y compramos el tamaño incorrecto. Pero ahora tenemos las medidas de esa ventana y la otra donde estamos buscando nuevas cortinas. La idea es tratar de no hacer las mismas tonterías más de una vez.

6: LOS DOS NAVEGADORES

La historia de los dos navegadores inició cuando en mi trabajo se volvió requisito indispensable estar conectado a internet la mayoría del tiempo y mi lista de tareas iba en aumento... Fue si recuerdo bien mas o menos en el año 2006 o 2007 cuando empecé a manejar cuentas en Latinoamérica, Estados Unidos y Canadá, por lo que pasaba mucho tiempo en Internet. Pasaba horas revisando precios y campañas de mercadeo en estos tres mercados. Era bien divertido, pero el ambiente laboral en el que me desempeñaba era muy fácil distraerse en cualquier momento.

Obviamente algo estaba haciendo incorrectamente, pues a pesar de pasarme horas en frente de la computadora, no sentía que estaba haciendo mi trabajo. Esa fue la primera vez que recuerdo haber instalado un software llamado: Rescue Time.

El resultado fue alarmante, era verdad que estaba pasando horas frente al computador pero la mayoría de ellas, no eran en los lugares donde debía estar trabajando;   sino en foros, leyendo blogs, participando en comunidades en línea, mis horas de trabajo en lugar de ir en aumento, cada vez era menos. Obviamente necesitaba una solución, y mientras más rápido mejor.

No recuerdo como llegué a la idea de los dos navegadores o si la leí en algún lado, pero esa fue la solución más sencilla. Instalé El navegador Chrome de Google® y mantuve Safari® de Apple en mi computadora. Lo único que cambié fue una regla sencilla. Podía perder todo el tiempo que quisiera, pero solo si lo hacía en Safari® y cuando se tratara de trabajo, solo lo podía hacer en Google Chrome®. Déjame recalcarlo. Todo lo relacionado con trabajo, con producir ingresos, con investigar clientes, competencia, precios, campañas de mercadeo, entrar a inventarios en línea, y demás, debía realizarse desde Google Chrome®. Ahora bien, si por el contrario, iba a leer mis blogs, participar en foros, escribir para el blog, leer sobre tecnología, perder el tiempo, debía de hacerse en Safari.

El resultado fue abismal e inmediato. No crean que dejé de leer blogs, o foros. No, muy por el contrario, seguí participando en los foros y visitando blogs, pero de una manera muy diferente, ahora no estaba perdiendo horas en ellos sin notarlo, eso sí cada día, cada momento era una decisión un poco mas consciente. Del mismo modo mi trabajo, que se realizaba en Google Chrome® era mucho mejor, me mantenía concentrado, en conclusión era mucho más efectivo. Con el tiempo mi cerebro y mi subconsciente se fueron entrenando que para jugar íbamos al parque de Safari® y para trabajar íbamos al parque de Chrome®. Cada vez que en Chrome® iba a algún lugar indebido, (43Folders.com, TaraRobinson.com, Los Foros de DavidCo, mi Google Reader) mi subconsciente, me recordaba que debíamos ir a Safari® para esa actividad. Era en ese momento donde lo increíble sucedía. En muchos casos, me decía a mi mismo, entro mas tarde y seguía trabajando. Otras muchas veces, me fui a Safari® y puse una alarma para volver a Chrome®. Un tiempo después entendí que la razón era psicológica, mi cerebro empezó a asociar la manera como se veía y funcionaba Google Chrome® a trabajar y en el caso de Safari®, lo asociaba como navegador para jugar.

Como dije, el resultado fue tan abismal que cuando comencé a usar el IPad como mi equipo principal rápidamente noté que necesitaba otro navegador, en ese momento instalé iCab® Mobile. Safari® siguió siendo el navegador para jugar, y iCab® Mobile el de trabajar.

Con el pasar de los años he recomendado ésta estrategia a

muchísimas personas, y exceptuando aquellos cuyas máquinas de trabajo no lo permiten (en cuyo caso mi recomendación es no ir a ningún lugar indebido, pues te puedo garantizar que te están viendo y grabando en algún lugar cada paso que estas dando en la red) el resultado ha sido el mismo, un incremento abismal de la productividad.

Muchas veces para eliminar el comportamiento no deseado, basta con buscar darle al cerebro una clave que esta haciendo algo incorrecto. Nadie quiere perder horas en el internet cuando tiene miles de tareas que hacer, en general esas horas perdidas no las notamos, no sabemos que pasaron, creemos que fueron cinco minutos cuando en realidad pasamos tres o cuatro horas en la nada.

Funciona igual que cuando mis perros escuchan el sonido que produce una lata de aire comprimido, saben que hicieron algo indebido. Es simple y efectivo. (Y de ninguna manera cruel con el animal) El único problema de este sistema es cuando estas usando aire comprimido para limpiar algo. Mis perros se aterran y no entienden que es lo que están haciendo mal. Para mi abrir Google Reader en Google Chrome® produce el mismo efecto, mi cerebro inmediatamente hace el mismo sonido de esa lata de aire comprimido, un cambio de navegador es una orden. Pero es exactamente en ese instante, que en general puedo tomar una mejor decisión. Es en ese preciso instante que puedo decidir: ¿voy a leer blogs o simplemente necesito trabajar más? ¿Tengo sed y por eso estoy perdiendo la concentración o necesito realmente enfocarme en terminar este trabajo? La clave para esto es sencilla, y el efecto, increíblemente poderoso.

No importa cual navegador uses para jugar y cual uses para trabajar, lo que importa es empezar a usar dos. En aquellos casos donde eso no es posible, mi recomendación es compra un teléfono inteligente para jugar cuando estés en "su" computadora. Informática tiene la habilidad de saber donde ha estado la máquina, cuantas horas y minutos pasas en Facebook o leyendo blogs y esta información que cualquier gerente puede solicitar y en muchos lugares de trabajo causal de despido. Si tu estás entre el grupo que no tiene el problema de informática, pero el problema que el trabajo que debimos haber hecho en cuatro o cinco horas esta tomando doce porque pasamos siete en Facebook, instala un segundo navegador y establece las reglas de uso. Solo puedo usar este navegador para trabajar. No para jugar. Cuando Amazon era uno de mis clientes, y yo iba a su lugar por trabajo siempre usé Google Chrome®, cuando era para comprar cosas siempre ha sido y continua siendo en Safari®.

Mi cerebro está acostumbrado y entrenado ahora, y ha sido una de esas cosas que generó una gran diferencia cuando lo descubrí, el día que empecé a contar la historia de los dos navegadores.

5: DESCUBRE TUS SINTOMAS DE ADVERTENCIA

Todos los tenemos, pero la mayoría de nosotros los ignoramos. Estos síntomas de emergencia no son más que esas cosas que hacemos cuando estamos empezando a perder el equilibrio en nuestras prioridades, cuando estamos pasando de nuestro estado normal a un estado de estrés. Cuando seguimos ignorándolos, nuestro cuerpo se va a poner en estado de preservación y defensa, que no es el estado más productivo y jamás lo será.

Uno de mis más claros síntomas es que dejo de leer. (Tengo amigos a quienes les pido que si no estoy hablando del libro que estoy leyendo me lo hagan saber, no siempre tengo la habilidad de notarlo). Tengo gente querida cuyos síntomas varían, unos dejan de dormir, otros de caminar, otros empiezan a dormir de mas, otros se van de compras compulsivas, otros descubren que se pasaron el sábado en cama leyendo.

Todos estos son síntomas de que algo no esta bien. Algunas veces estos síntomas implican cansancio, otras veces estrés, otras veces miedo. Lo importante es identificarlos; saber que significan para poder corregir la fuente antes que se convierta en algo critico. Al menos identificar que existen, aunque a veces no sepamos de donde provienen, saber que algo esta pasando y poder dirigir nuestra atención al origen, es importante.

Por ejemplo, cuando yo me estreso, lo primero que hago es dejar de leer. Estoy ocupado, empiezo a tratar de descansar menos, dejo de tomarme mis pequeñas pausas durante el día, empiezo a ver como puedo apresurarme y presionarme para lograr lo que quiero más rápido. Tristemente mientras mas rápido trato de ir, mas lento voy, es irónico, pero así es como sucede. Esto si no lo identifico rápido, simplemente genera agotamiento y en algún momento colapso. El problema no es con apurarme y lograr mas, el problema en general tiene dos factores, el primero es que quiero que todos los pendientes desaparezcan, no es que me presiono para terminar una cosa de la lista, generalmente quiero terminar con todas las cosas pendientes esa tarde. Lo que siempre termina en una mayor frustración y en meterme en un círculo vicioso del cual nunca salgo bien. El segundo es que mientras mas nos presionamos para lograr las cosas, menos capacidad tenemos, la razón de tomar descansos, de relajar la mente no es ser flojos, es garantizar que cuando enfrentamos el problema estamos en la mejor de nuestras habilidades mentales. Piensa en lo siguiente: ¿cuantas veces te has quedado en la oficina hasta tarde, cansado, tratando de terminar algo en lugar de ir a la casa a descansar y recuperarte. En mi experiencia, 9 de cada 10 veces que he hecho esto, igualmente a la mañana siguiente ando haciendo de nuevo la misma cosa. Generalmente con mas calidad y en mucho menos tiempo. Además descansé un tiempo que parece increíble. Si he descansado, puedo completar el mismo trabajo en un plazo mas corto. Si me hubiese ido a casa, tomado el descanso apropiado hubiese terminado el proyecto muchísimo mas rápido que las veces que me quedo hasta tarde la noche anterior. Por eso son importantes los síntomas de advertencia, al notarlos, podemos ahorrar mucho tiempo y energía.

Pizza!! Pizza!! es otro de mis síntomas de advertencia. Generalmente indica: Cansancio. Cuando todo lo que quiero comer es pizza, desayuno almuerzo y cena, .(Es una manera especial y difícil de describir aquí en la cual mi cuerpo pide pizza.) Es uno de los síntomas de advertencia de cansancio a a niveles críticos . Mi cuerpo pide pizza como si fuera indispensable para su subsistencia. En el pasado comía la pizza (la mas grande) pero sin entender el porque.

Hoy se que es un síntoma y aunque me coma la pizza entiendo que tengo que disminuir, descansar, inclusive acostarme a dormir y olvidarme de todo lo demás. Me encanta la pizza, todo lo que he aprendido a diferenciar cuando significa advertencia y que me esta advirtiendo para poder tomas las medidas correctas. He sido capaz de identificar alguno de los míos y de algunas personas cercanas. Cuando los síntomas aparecen, en muchos casos soy capaz de ayudar a otros a hacer lo más importante, descansar en muchos casos. En el pasado cuando no sabía lo que el antojo significaba, yo simplemente comía pizza día tras día (cinco seguidas es lo peor que recuerdo. Del martes al sábado. Ese sábado simplemente colapsé y descansé. Si hubiese aguantado, quizá hubiesen sido seis) ¿Cuales son los síntomas de advertencia? Como dije tengo un amigo que deja de caminar, con los años me ha dado la libertad de preguntar e inclusive darle la instrucción de ir a caminar, de parar lo que esta haciendo y salir a caminar. (A su vez éste amigo me ha mandado a leer, muchas veces, la libertad de bajarnos el nivel de presión es reciproca)

Tengo otro amigo que empieza a buscar pleito. Se ponen extra sensibles, dejan de leer, abren la botella de licor. Tengo un amigo que en general bebe poco. Pero sabe que cuando llega a la casa y quiere whisky es síntoma de estrés. Antes se tomaba uno o hasta tres. Ahora hace ejercicio. Yo en este momento de mi vida no estoy dispuesto para algo tan serio como hacer ejercicio, pero si para identificar como estos síntomas afectan mi productividad, mi estado normal y que hacer para poder evitar llegar a esos niveles críticos donde ahora recuperarse toma días en vez de unas pocas horas. Pero no es que solamente no reconocemos nuestros síntomas de advertencia, muchas veces no sabemos como evitar llegar a esos niveles críticos, o pensamos que es imposible detenernos y descansar, y que esos niveles críticos son imposibles de evitar.

En la mayoría de los casos identificar nuestras propios síntomas de advertencia es dificilísimo, y en otros simplemente imposible. Para eso es cuando necesitamos incluir gente de nuestro grupo que nos ayude a identificar y estar seguros que no estamos ignorando nuestros síntomas de advertencia. Muchas veces alguien nos ha ayudado a identificar alguno, es mas fácil darse cuenta. Una de las cosas mas importantes en mi opinión es identificar cuales son esos síntomas de advertencia, no solo los personales, sino con los que uno lidia constante y cotidianamente. Poder identificarlos, nos permite ayudar a los otros a no llegar a esos lugares críticos, a veces no solo no reconocemos los síntomas, sino que no tenemos idea como no llegar a ese nivel critico, nos parece que es imposible detenerse, que es imposible evitarlo. Existe un dicho que dice: "Medita todos los días veinte minutos; a menos que estés muy ocupado, en ese caso medita por una hora". Esa es la esencia de identificar tus síntomas de advertencia, saber cuando meditar veinte minutos y cuando necesitamos una hora.

4: PLANEA PARA TENER TIEMPO PRODUCTIVO Y ENFOCADO

Todos hemos bloqueado en un momento u otro un tiempo y dedicado esas horas para adelantar un proyecto importante. Lo más probable es que alguna vez hayas obtenido resultados increíbles de esa manera. Durante ese tiempo enfocados, probablemente fuiste extra productivo. Inclusive has alcanzado la mítica zona que Mihaly Csikszentmihalyi habla en su libro: Flujo: La psicología de la experiencia optima.

En general, esos períodos son extra efectivos, Hemos logrado terminar grandes proyectos, descubrir cosas que creíamos imposibles, aclarar elementos que parecían inalcansables y trabajar como si nada mas en el mundo existiera.

No he conocido a la persona que haya bloqueado tiempo para adelantar un proyecto y sin experimentar el sentimiento de éxito y logro que este produce, que no reconozca su valor. Pero tristemente lo que si conozco son muy pocas personas que hagan esto de manera constante.

Todos conocemos el valor, todos admitimos cuan importante es. Cuan maravilloso puede ser haber adelantado algo. Cuan increíble fue ese jueves o esa tarde. Pero pocos lo hacemos constantemente. ¿Por qué? La respuesta es simple. Porque no hemos descubierto la importancia de planear para tener tiempo productivo. Si, es así de simple. (Podemos agregar esto a esa famosa lista del Consejo #22... si ese mismo aquel sobre el sentido común)

Así como el Consejo #10 era empezar a planear por las cosas sencillas para que estas se hagan antes de que se conviertan en emergencia, es tan importante Planear tus tareas para tener tiempo productivo y enfocado.

Muchos de nosotros organizamos nuestras tareas en contextos, en múltiples listas, hemos simplificado, eliminado y reducido el exceso, pero no nos hemos detenido a planear para ser productivos, en muchos casos simplemente hemos buscado como hacer mas en menos tiempo, no necesariamente de las cosas importantes. De que sirve cruzar cien cosas de la lista, si el único proyecto importante no se movió hacia adelante ni le marcamos una de las acciones del mismo. En general planeamos muchas cosas, pero no lo hacemos con las cosas pequeñas (el consejo #10) y de usar este consejo para algo aun más importante, planear constantemente tiempo productivo y enfocado. Tiempo donde vamos a concentrar todas nuestras energías en lograr solo una cosa.

Pareciera que estamos esperando que este tiempo aparezca mágicamente en nuestros calendarios o en nuestros días. Unos pocos han sido tan afortunados para que esto les suceda. Pero lo que pasa generalmente es que, dos horas aparecen en el calendario porque el cliente canceló la junta, y en lugar de dejar el tiempo bloqueado y trabajar dos horas en ese proyecto clave, corremos a leer blogs, Facebook o Twitter, o elegir una acción que va a significar una victoria barata. En otras palabras, desperdiciamos el milagro.

Aun reconociendo el beneficio, tenemos un miedo oculto de apartar ese tiempo, nos aterroriza que la gente piense que no estamos disponibles, acudimos a mas de una llamada conferencia al mismo tiempo, una en el celular y otra en el teléfono de la oficina para que la gente no crea que no lo podemos hacer. Nuestra adicción al estrés es mas grande que la idea que las cosas avancen, el enfrentarnos al proyecto es una idea a la que le tenemos mas miedo que a la idea del proyecto en si y por tanto no planeamos para tener estas horas en las que podemos desconectarnos del internet, el email, el teléfono y de cierto modo del mundo. Poner música, subirle el volumen y que por dos, tres o mas horas nada sea más importe que el proyecto que tenemos en la mano.

Como dije al principio lo mas interesante es que la gran mayoría de las personas que conozco lo ha hecho alguna vez, han desconectado el internet, apagado el celular, puesto el teléfono en DND (No molestar), cerrado la puerta de la oficina, sacado el iPhone o el iPod puesto un letrero en la puerta y con el sentimiento de culpa al máximo, han puesto todo su esfuerzo en el proyecto que ahora es crítico. Al finalizar ese tiempo, la gran mayoría que ha hecho esto, tienen un sentimiento de grandeza, llenos de alegría de pensar que esa tarde lograron terminar ese proyecto imposible... la experiencia fue increíble, los resultados magníficos. Lo insólito, es que no hacemos nada para que esta experiencia sea constante en nuestras vidas. Sacamos el libro amarillo ese que tenemos lleno de las mejores excusas y volvemos rápidamente a disfrutar de nuestra adicción favorita; la adicción al estrés.

No es que no hayamos experimentado el valor, de esas horas de alta productividad y enfoque, es que nos aterroriza que los otros piensen que tenemos que apartar tiempo para hacer lo que debemos, nos aterroriza pensar que si hacemos esto constantemente no vamos a estar estresados como los demás, vamos a dejar de pertenecer al grupo y no nos van a invitar mas a la casa club. Nos aterroriza que otros piensen que no podemos hacer más de una cosa a la vez. Nos horroriza, que otros se den cuenta que estamos tratando de tomar tiempo para avanzar en esos proyectos , que estamos considerando unas cosas mas importantes que otras y diciendo de algún modo que el resto del mundo puede esperar; definitivamente una idea que para muchos es aterradora.

Ahora viene el reto, que es simple… Busca cuatro horas, por las próximas tres semanas. Bloquea todo. Planea pasar esas cuatro horas solo en proyectos de alto impacto. La cuarta semana no lo hagas, pero pasa un rato pensando si valió la pena… La siguiente semana (la quinta) es donde vas a descubrir el impacto… te aseguro, de antemano, que después de eso vas a empezar a planificar el tiempo. Por años llegue una hora antes que todos a la oficina; en la gran mayoría de los días trabajaba más en esa hora (en relación con los proyectos de alto impacto) que el resto del día.

3: DATE TIEMPO DESPUES DE UN VIAJE PARA PONERTE AL DIA

Por alguna razón, existen personas y cosas para las cuales daríamos el tiempo que no tenemos, sin condiciones, sin reservas, sin límites. Pero por alguna razón aun más interesante, darnos solamente un poco de esa generosidad a nosotros mismos es casi imposible de considerar.

Antes de explicar esto te voy a contar tres historias. La primera se trata de una persona que tiene que ausentarse de su trabajo por una semana para cuidar a su mamá quien se ha enfermado. Inclusive se tomo dos días adicionales para garantizar que su mamá estuviera bien. Todos hubiésemos tratado de hacer lo mismo.

La segunda historia, te aseguro que la hemos vivido todos, imaginemos que durante dos semanas has estado remplazando a un gerente en otra ciudad. El lunes corre al Aeropuerto, se monta en un avión y está trabajando allá por dos semanas. Por fin regresa a la casa. Durante éste tiempo ha estado haciendo su trabajo y el de la persona que estaba remplazando.

Finalmente llegamos a la tercera y última historia; imaginemos al vendedor, que viaja 90% del tiempo, lo que quiere decir que pasa más o menos una semana del mes en la oficina. Viaja el lunes en la mañana a algún lugar y regresa en el vuelo del jueves en la noche, después de haber trabajado toda la semana y todavía el viernes trata de llegar a la oficina.

El problema con estos tres ejemplos es que en ninguno de estos casos la persona (ninguno de los tres) se están dando chance de ponerse al día, de organizarse para tomar buenas decisiones. Sin duda el viaje se hubiese extendido dos días mas para ayudar a su mama, así como si hubiese sido necesario se habría quedado una semana mas remplazando al gerente, sin duda alguna el viaje de regreso se acodaría si otra junta surgiera. Pero en ninguno de esto ejemplos era posible considerar tiempo para ellos, no en el sentido personal, tiempo para volverse a meter dentro del huracán que va a significar llegar a la oficina al día siguiente.

Empiezo por declararme culpable. No fue sino hasta que finalmente entendí que para ser realmente efectivo necesitaba saber para donde iba y que a veces necesitaba ese tiempo para ponerme al día. Fue en un vuelo de regreso a la casa, cuando la Azafata dijo: "En caso que salga la mascara de oxígeno, póngasela antes de tratar de ayudar a otra persona" Había escuchado esto millones de veces, pero fue hasta ese día cuando entendí que para poder ayudar realmente a otra persona, debo completar mi trabajo eficientemente, poder dar el 100% de mi a mi trabajo, era importante cuidar de mi mismo, de otro modo corría el riesgo de no solo no poder ayudar al otro, sino que la probabilidad que terminara necesitando ayuda era inmensa. Tristemente he visto mas amigos y familiares exhaustos, agotados y enfermos pues no se detuvieron un momento a cuidarse a si mismos. No se tomaron la mañana para dormir las tres horas adicionales que necesitaban después de una semana fuera cuidando a un familiar, o viajaron tomando el vuelo de toda la noche para estar la mañana siguiente en la oficina, no solo perdiendo el tiempo, pero sin quererlo, generando conflictos que son innecesarios.

Todos hemos estado por lo menos una vez en cualquiera de estas tres situaciones, cuidando de alguien que nos necesitaba, cubriendo a alguien en la oficina, o cambiando un boleto de avión por que logramos una junta importante. Todos lo hemos hecho por alguien más. Pero pocos, paramos y tomamos el tiempo para nosotros mismos. El tiempo de bajar la velocidad, reorganizarnos y enfrentar las cosas no desde el punto de vista que nada ha pasado, pero si asumiendo y comprendiendo que es necesario e importante tomar el tiempo que sea para recuperar la velocidad y las condiciones adecuadas antes de brincar dentro del huracán que tenemos delante de nosotros.

Imagina por un momento un avión. Para volar es necesario que tome velocidad e impulso en la pista. Ahora imagina que el avión no tiene gasolina o una pista para tomar velocidad e impulso; ¿Que pasaría?

Exactamente lo que te sucedería a ti si tu fueras un avión cuando regresas de estos eventos y no te das el chance de recuperarte y recargar tu energía (Gasolina) y por el contrario te dedicas a revisar todos los emails, cuentas por pagar, papeles en el escritorio y demás cosas que pueden haber entrado en tu mundo durante ese tiempo.

Ese es exactamente el hecho y donde tendemos a fallar y a equivocarnos. Volvemos de estos viajes, de estos eventos inesperados, inclusive de las vacaciones, pero no nos damos el chance de recuperarnos y de prepararnos para los días que vienen después de esto, aun cuando sin duda alguna tomaríamos más días para este evento, de ser necesario. Al final de tres días, parece que necesitamos hospitalizarnos para podernos recuperar.

En mi experiencia, si en vez de tratar de brincar en el caos que dejamos, nos tomamos un día o inclusive medio día para prepararnos, organizar y planear; podríamos ser tan efectivos como un avión al fondo de la pista de despegue, lleno de gasolina y con viento a favor... Es exactamente por lo cual hago lo imposible por planear con eso en mente, aun cuando viajaba mas de 90% del tiempo buscaba apartar tiempo para recuperarme, para evitar que se cayera el avión, y por años (y con distintos grados de éxito) le he recomendado a la gente cercana aprender esto mismo. Es más fácil tomarse un día para recuperarse que los siete días en dos semanas cuando el cuerpo te obligue a detenerte.

Claro está que no siempre puedes hacerlo. Pero aun cuando no lo reconozcas y lo creas que tu, como avión no necesitas tanta gasolina, ni tanta pista para despegar, o inclusive como alguien me dijo una vez, yo puedo obtener gasolina mientras vuelo, no necesito pista para despegar ni aterrizar, no tengo tiempo para eso, si sigues en la analogía, sigues siendo el mismo avión, pero el resultado en general no es el mismo, eventualmente vas a necesitar gasolina y vas a necesitar aterrizar... la pregunta es como lo vas a hacer... con suficiente pista o con las sirenas de emergencia detrás de ti.

2: DEFINE TU DESTINO. POR ESCRITO Y EN DETALLE

No basta definir lo que queremos obtener. Es importante definirlo por escrito y en detalle . A donde vamos y hacia donde nos dirigimos es algo que cambia y evoluciona con el tiempo. Por ejemplo si hacemos una prueba para ver cuan rápido mecanografiamos y descubrimos que nuestra velocidad es de 20 palabras por minuto y pensamos que es importante mejorar esto y ponemos como objetivo escribir 40 palabras por minuto. Si en lugar de anotarlo así: Aprender a mecanografiar 40 palabras por minuto, simplemente anotamos: Aprender a mecanografiar más rápido; sabríamos a donde íbamos, pero lo mas probable nunca sabremos cuando llegamos.

La vida pasa, practicamos algo, lo mejoramos y dejamos el objetivo en el olvido. Diez meses después decidimos retomarlo, hacemos el test y ahora logramos 33 palabras por minuto. El número objetivo nunca sería 40 pues nos parecería muy poca cosa y además debemos tratar de apuntar alto así que mejor 66 palabras por minuto.

En este caso el problema no es que el objetivo cambie, el problema es que nunca obtenemos la satisfacción de haber logrado el objetivo inicial y muy probablemente ningún otro.

En este pequeño ejemplo, quizá pareciera que importa poco, pero imagínate que sucede cuando son diez, quince o veinte cosas que simplemente no logras; después la gente se pregunta porque es tan frustrante las promesas de año nuevo o porque no fijamos objetivos.

Eso no quiere decir que vas a fijar objetivos y los vas a tener que poner de lado pues otras prioridades tienen mayor importancia, al fin y al cabo todos tenemos solamente 24 horas, después de eso es simplemente otro día. Cuando a mi me preguntan siempre respondo, en detalle, todos los detalles y por escrito, siempre por escrito.

Cuando publiqué mi primera novela, "El Escritor" (Mayo 2011) el objetivo en mi lista decía: Publicar mi primera novela antes del fin del 2011.

No solo publiqué esa novela, publiqué también otra en Diciembre del mismo año. Ambas fueron Novelas Mas vendidas en Smashwords, y a pesar de eso, en algún momento en enero considere que había fallado. Las ventas eran lentas y no sabía que hacer. Pero cuando hice mi revisión anual note que en mis objetivos no había nada de ventas, solo de publicarlas. Mi objetivo había sido un éxito. No puedes fallar en un objetivo inexistente. Al escribirlos, no tienes el chance de decirte a ti mismo, pero era obvio que ese era también un objetivo. Si no tienes nada por escrito, no tienes como ganarte esa batalla, cuando están por escrito, es fácil. Lo interesante es que cuando hice mis objetivos para el 2012 tampoco incluí números, pero incluí otras cosas que me permitieran medir que he tratado de vender el libro.

Porque, yo no puedo controlar si la gente va a comprar un libro o no, pero si puedo controlar si yo hice el esfuerzo para venderlos o no.

La idea es definir las reglas para poderlo medir y garantizar que es posible. La importancia de anotarlo es que no se me olvide. Cuando un amigo recientemente abrió su oficina como profesional independiente, pasamos días escribiendo sus objetivos, en detalle. Cuanto dinero al año. Cuanto tiempo de trabajo diario. Cuantos clientes. Cosas que la oficina iba a adquirir con las ganancias. En muchísimo detalle; todo el que pudimos. Cuando el primer mes cerró (en positivo, y mucho mejor de lo esperado) mi amigo me llamó, le recordé que se fijase en la lista. Inmediatamente me dijo que iba a cambiar unos de los objetivos. Inmediatamente le dije, "No". "Pero es que con los resultados de este mes, quizá puedo hacer el doble de lo que pensé", me contestó. "En ese caso, celebras que hiciste el doble de lo que esperabas en diciembre. Pero no puedes cambiarlo, ni incrementarlo hasta cumplirlo, no solo el objetivo sino el plazo de tiempo que te habías establecido. No te robes a ti mismo el chance de cantar victoria y celebrar que lograste el objetivo."

Yo me he robado a mi mismo muchas de estas victorias, por ignorancia. Es como mi objetivo anual de leer 52 libros. En general lo logro sin problema. No he tratado de aumentarlo no porque no crea que pueda, sino porque me gusta celebrar la victoria.

Una de esas que recuerdo, fue cuando aprendí a mecanografiar. Mi objetivo eran sesenta palabras por minuto. Cuando cree ese objetivo originalmente parecía imposible. Sesenta palabras por minuto parecían muchísimas, parecía improbable. Lo interesante es que el primer día que logré esas sesenta palabras en vez de detenerme y celebrarlo me parecieron que eran poca cosa. Muy por el contrario, lo hice sentir como si fuera cualquier cosa, algo que cualquiera puede hacer (cosa que no es necesariamente mentira, pero no todos lo han hecho). Cuando no están anotados, en muchos casos pierdes la oportunidad de reconocerlos y disfrutarlos.

Todos tenemos mas cosas que hacer que las que podemos hacer, todos tenemos menos horas de las que necesitamos, pero si no marcamos el lugar preciso a donde el objetivo debe llegar, si no establecemos algún lugar donde llegar a celebrar, se nos va la vida, sin sentir que hemos logrado algo. Olvidamos cual debe ser el objetivo y nunca llegamos. Siempre podemos un poco más, un cliente más, una pieza más, un párrafo más. Conste que no existe problema con el párrafo más, o la pieza más o el cliente de más, el problema existe cuando el mismo no se celebra; cuando no celebramos que se llego al punto donde creíamos que el objetivo valía la pena.

Quizá existen dos cosas en este consejo, escribir y definir tu destino en detalle y una vez que llegues allí, asegúrate de celebrarlo, de reconocer que has cumplido el objetivo. No te hagas trampa a ti mismo, no te robes tu mismo las victorias. Detente y celébralas. Baja la velocidad, sonríe, mira a donde has llegado y recuerda de donde vienes. Es muy importante celebrar cuando hemos cumplido un objetivo, es importante recordar de donde venimos. En mi experiencia con el paso del tiempo la manera de garantizar que cuando veamos el lugar a donde vamos lo podamos reconocer es cuando lo hemos descrito antes de salir, desde el lugar donde estábamos, de otro modo, siempre parecerá poca cosa, y tratamos de lograr un poco mas en vez de celebrar y después fijar un nuevo objetivo que sea mas.

1: LA HORA EXTRAORDINARIA

Que pasaría si una vez a la semana, te olvidaras de todos los problemas, las limitaciones, los miedos, el estrés y las presiones y concentraras todos tus esfuerzos en pensar, no solo pensar, sino más bien pensar en cosas extraordinarias, cosas dignas de la gente que admiras, cosas que esa gente que admiras estarían impresionadas, que cuando tu lo observes desde afuera, lo consideres simplemente increíble, que pasaría si por un momento, por sesenta minutos, una hora, concentraras todos tus esfuerzos en ser extraordinario… en hacer, crear y soñar solo cosas extraordinarias…

La primera vez que escuché el nombre formal de la "Hora Extraordinaria" fue de los labios de Michael Bungay Stanier. En su libro "Haga mas Trabajos Importantes" (Do More Great Work) habla en gran extensión y en gran detalle sobre este hora.

Inmediatamente la empecé a aplicar y ha sido junto con mi hora de revisión semanal de Organizarte con Eficacia una de las herramientas mas útiles que he conseguido. Me ha permitido, al menos por una hora a la semana, casi todas las semanas hacer, crear y soñar con cosas extraordinarias. No estoy buscando cosas con las que la gente piense que hago mi trabajo, o que hago un buen trabajo, esta hora es para cosas que son extraordinarias…

Para mí la hora extraordinaria es simplemente una hora para pensar. La idea no es trabajar, ni resolver problemas específicos, (aunque los he resuelto) sino sentarse a pensar, concentrarte en pensar, (que es dificilísimo) llegar a ese sitio donde logramos dejar atrás el ruido generado por el día a día y los problemas cotidianos. La idea de esta hora no es resolver problemas que puedan ser definidos como buenos de resolver, sino problemas que generarían resultados grandiosos. La diferencia es simple, todos podemos conseguir soluciones para resolver los problemas que son considerados buenos de haber sido resueltos, pero se necesita una gran concentración para resolver aquellos problemas que van a generar resultados grandiosos.

Existen días que logro llegar allí en diez minutos, otros días que me toma cincuenta. (Algunos no logro llegar al lugar de pensar) Pero la realidad es que es este tiempo para pensar lo que hace la diferencia. Algunas semanas me ayuda a recalcar cosas que he leído, otras me ayuda a encontrar solución a problemas y a cosas que están atoradas que no tengo ni idea como liberar. Que parecen imposibles de liberar. Para mi ha sido un ejercicio increíble, yo me siento y escribo, demás o menos por una hora, como si estuviera hablando conmigo mismo, me preguntó, me contesto, y demás. Pienso en cosas que puedan generar resultados increíbles, me doy permiso a pensar aunque yo mismo crea que es una tontería o esté convencido que si la gente viera estas ideas me declararían irracional o simplemente estúpido. Es algo así, como una hora para hacer imposibles. Es el permiso semanal que me doy de pensar, de parar la cosas, de detener la carrera y de tratar de observas las cosas desde otra perspectiva. Es la hora del recreo.

Con ésta táctica, he hecho ventas millonarias, las he duplicado, reducido el exceso y problemas de inventario, , creado historias, resuelto cosas mas tontas que han provocado un gran efecto en mi vida, y tomado decisiones importantes que han cambiado mi manera de vivir así como la manera de vivir de nuestra familia.

Una de estas cosas fue cuando empecé a manejar dos cuentas grandes e importantes de comercio electrónico en el mercado Estadounidense. Mi decisión fue simple, en lugar de distintos costos (lo que la persona que manejaba las cuentas antes que yo, estaba haciendo y lo que es la práctica normal en la industria) tendrían el mismo costo de ahora en adelante. Me senté con ambos gerentes y les expliqué que de ahora en adelante, el costo para ambas compañías iba a ser el mismo. Ambos me amenazaron con expulsarme de sus respectivas oficinas. Cuando les aclaré que estaba seguro que partiendo del mismo punto y con el mismo costo, podríamos, en vez de invertir nuestra energía en discutir por centavos, se invertiría en explotar el mercado de cada una de estas compañías. Ambos creían que estaba loco. Nadie aparentemente había tratado eso. La segunda decisión fue reducir el inventario en base a las ventas actuales y no a la proyección de ventas. Continuaban pensando que estaba loco. Eso no se hacia de ese modo. Doce meses más tarde habíamos duplicado las ventas y reducido el exceso inventario en 70%. Ya no estaba tan loco, ni era irracional como cuando plantee que cambiáramos la manera como estábamos haciendo las cosas. Ambas soluciones surgieron de esa hora extraordinaria. Yo necesitaba algo que fuera extraordinario, que me resolviera un problema que de la manera ordinaria no se podía resolver. Ese es el tipo de cosas que he encontrado en esta hora extraordinaria. Me da chance de bajar la velocidad, por tanto me puedo dar el lujo de pensar y rápidamente encuentro la satisfacción con soluciones asombrosas.

El problema que la mayoría de nosotros tenemos es que vamos

tan rápido, tan apurados que no nos detenemos a pensar, pensamos que no tenemos el tiempo o el lujo, para bajar la velocidad y sentarnos a pensar. En mi modesta opinión es exactamente lo contrario; no detenernos a pensar, es un lujo que no deberíamos tener, sin duda alguna si el mundo fuera un lugar mejor, si todos pasáramos una hora pensando las cosas funcionaran como un reloj engranado.

Como todas las ideas de este libro, el reto es simple: Pruébalo. Crea una cita en tu calendario, una hora. Pon la alarma, un vaso de agua y empieza a escribir todo como venga, sin importar si son pendientes, tareas, sueños, problemas o tonterías... Cuando lo bueno venga, lo podrás reconocer. Date el chance, la oportunidad o quizá el lujo de tener el espacio para pensar.

Muchas veces de mi hora de pensar no queda mas que la idea que pensé por una hora, otras veces es aun mas divertido y descubro cosas, identifico otras o nada mas pienso en un futuro que quizá, algún día sucederá.

Una hora a la semana, simplemente hazla extraordinaria; date el chance de bajar la velocidad, para que tengas el lujo de pensar y rápidamente encontrar la satisfacción de algo increíble.

NOTAS FINALES

Mi amor por la productividad no me hace un experto, o un gurú. Yo simplemente soy un ser humano que durante muchos años ha aprendido cuales son esas pequeñas tácticas, que generan grandes resultados y son algunos de estos pequeños consejos los que presento aquí. Ninguna de estas cosas por si sola son grandes, complejas o costosas pero la implementación de estas (inclusive de una sola de ellas) puede generar efectos y resultados que nadie espera, muchas veces esas cosas pequeñas son las que generan los mayores cambios. Igualmente son estas cosas pequeñas las que uno tiende a ignorar, las que no se hacen, las que dejamos para luego y eso si tenemos tiempo.

Estoy seguro que hay capítulos que tenían sentido, capítulos que descubriste son cosas que haces de una manera u otra y otros que decidiste no leer. Las reacciones varían, pero estas son las cosas que me han ayudado a ser productivo. Yo creo que mucha gente va a saltar el capítulo de aprender a mecanografiar, en general he encontrado tres tipos de reacciones a este Capítulo:

1.- Yo no mecanografío suficiente para que la velocidad haga algún efecto. Si recibo muchos emails, pero mis respuestas son cortas, tres líneas máximo. En promedio tres líneas son 45 palabras. Si tu velocidad de mecanografiado son 25 palabras por minuto, necesitas casi dos minutos para responder ese email. Recibe 30 en las mismas condiciones y se te fue una hora. Ahora bien, aprendiendo a mecanografiar 60 palabras por minuto (lo cual no es gran cosa, ni motivo de increíble celebración) tomaría cuarenta y cinco segundos responder un email. Los mismos 30 emails ahora toman menos de veintitrés minutos. Repite por 5 días a la semana y acabas de recibir 185 minutos extra en tu vida. (Tres horas extra a la semana)

2.- Yo se que aumentar mi velocidad de mecanografiado me daría una ventaja, pero no tengo tiempo de aprender a mecanografiar. Sin duda alguna, seria algo que haría, pero realmente no tengo el tiempo. Por alguna razón, este grupo de gente ignora que no estamos hablando de cinco horas diarias de entrenamiento (que ellos no tienen, ni yo tampoco) pero quince minutos de lunes a viernes, durante la horas de oficina o después del día de trabajo harían un efecto maravillosamente relajante, de nuevo, son las pequeñas cosas las que hacen el gran impacto.

3.- Yo escribo más de X palabras por minuto y espero para el próximo año escribir X más. Este grupo es en general el más pequeño.

Estos 25 Consejos en este libro no los descubrí ni implementé de un solo golpe, pero sin duda son cosas que me han ayudado a ser efectivo, productivo y a obtener muchas de mis metas.

Como dije al principio, no soy un gurú o un experto. Simplemente soy un aficionado que ha descubierto que algunas cosas hechas constantemente generan un efecto y resultados increíbles.

Gracias por haber leído este libro, espero que alguno de estos 25 Consejos te cambien la vida, o se la cambien a alguien que tu conozcas. Regálale una copia a alguien que creas que se pueda beneficiar, quizá te lo agradezcan por el resto de sus vidas.

AGRADECIMIENTOS

A mi esposa y mi hija, que son simplemente increíbles. Nunca me cansaré de decirlo.

A Tara Rodden Robinson, amiga, apoyo incondicional y un maestro; y además me dio el gusto y el honor de escribir las palabras iniciales de este Libro. A Kenn Rudolph, más que un amigo, es quien crea las increíbles portadas a mis libros.

A Daniela Sully, quien pacientemente traduce de Spansglish al Español.

A Eduardo Pérez, quien se leyó uno de los primeros borradores y de quien aprecio todos los comentarios realizados.

A todos aquellos que siempre creyeron en mí y que ahora sonríen cuando saben que soy un escritor.

A aquellos ojos bondadosos y pacientes que leen esto cuando parece un campo minado, lleno de errores ortográficos y gramaticales.

A mis papas, amigos y familia.

A todos aquellos que se tomaron el tiempo para leer este y cualquiera de mis otros libros.

A todos aquellos que han dejado su opinión sobre este u otro de mis libros.

A todos aquellos que me han ayudado de un modo u otro a hacer esto una realidad

SOBRE EL AUTOR

Augusto Pinaud vive en Fort Wayne, Indiana. Esta casado y tiene una niña y tres perros que le hacen compañía.

El pasa leo día enseñándole cosas a su hija, escribiendo y lavando platos, porque el cree en lo que decía Agatha Christie: "El mejor momento para planificar un libro es mientras se lavan los platos"

Mi blog: www.augustopinaud.com

Twitter: apinaud

Email: augusto@augustopinaud.com

Facebook: http://www.facebook.com/augustopinaud/

La pagina web del libro:

http://www.25trucosdeproductividad.augustopinaud/

www.ingramcontent.com/pod-product-compliance
Lightning Source LLC
Chambersburg PA
CBHW021954170526
45157CB00003B/989